A. BOSSERT

SCHOPENHAUER
ET SES DISCIPLES

D'APRÈS SES CONVERSATIONS ET SA CORRESPONDANCE

PARIS
LIBRAIRIE HACHETTE
79, BOULEVARD SAINT-GERMAIN

1920

SCHOPENHAUER

ET SES DISCIPLES

A. BOSSERT

SCHOPENHAUER
ET SES DISCIPLES

D'APRÈS SES CONVERSATIONS
ET SA CORRESPONDANCE

PARIS
LIBRAIRIE HACHETTE
79, BOULEVARD SAINT-GERMAIN

1920

SCHOPENHAUER
ET SES DISCIPLES

INTRODUCTION

Schopenhauer disait en plaisantant qu'on attendrait sa mort pour le canoniser, et, quelque haute opinion qu'il ait eue de lui-même, il ne s'est pas complètement trompé. Son influence a grandi après lui; elle s'est étendue en dehors de l'Allemagne, d'autant plus facilement qu'il avait dans son caractère certains traits antipathiques à l'esprit allemand. Il haïssait le style barbare et le pédantisme. Quand il avait une vérité à dire, soit à un individu, soit à une nation, il la disait brutalement. De là son mot célèbre : « Je suis honteux d'être Allemand. » Au fond, il était cosmopolite; il l'a été dans un temps où il était encore permis à un esprit supérieur de porter ses regards au delà des frontières de son pays. Il l'a été jusque dans ses souvenirs d'enfance. Son père l'avait appelé Arthur « parce que ce nom est le même dans toutes les langues ». Il l'avait fait voyager tout jeune à travers l'Europe. « Il faut que mon fils, disait-il, apprenne à lire dans le livre du monde. » Plus tard, Schopenhauer s'appropria toutes les langues de l'Europe civilisée, et c'était encore une manière de voyager. Il est devenu ainsi un type rare, original au plus haut degré, attaché au sol de l'Allemagne

par sa naissance, attiré vers la France et l'Angleterre
par la tournure de son esprit, universel autant qu'un
homme peut l'être, et fait pour réaliser ce qui était sa
grande ambition : « donner du problème de l'existence
une solution nouvelle qui occuperait les penseurs à
venir ».

Ce livre comprend deux parties principales, les Conversations et la Correspondance, qui se présentent pour la
première fois dans leur ensemble au public français.

L'esprit de conversation, cet esprit qui en d'autres
pays fait le charme de la vie de société, n'existe pas en
Allemagne. L'Allemand pense, chante, fume, boit, mais
ne cause pas, ou, quand il cause, c'est sur le ton de la
discussion, ou même de la dispute. Il croirait perdre son
temps, s'il le consacrait à cette chose futile qu'est pour
lui une conversation. A quoi bon avoir une idée, pour la
voir disparaître aussitôt et s'évanouir dans le mouvement
ailé d'un échange de paroles ?

Il y a cependant des exceptions, et de grandes exceptions. Gœthe en était une, Gœthe qui, sous ce rapport
comme sous beaucoup d'autres, est unique dans la littérature allemande. Il était « d'un esprit prodigieux en
conversation », c'est Mme de Staël qui le dit, et elle était
compétente en la matière. Le prodige consistait dans la
variété, la souplesse, l'imprévu, l'aisance, avec lesquels
il passait d'un sujet à un autre. Comme il s'intéressait à
tout, il savait parler de tout, et il marquait chacun de ses
jugements d'un mot caractéristique.

Schopenhauer n'était pas universel comme Gœthe. Ses
aperçus étaient moins vastes, sa lecture était moins
étendue. Ses voyages en Italie lui avaient donné le goût
des arts ; il aimait la musique ; mais, en somme, son
commerce intellectuel le mettait surtout en rapport avec
les philosophes et les moralistes. Ce qui charmait ses

interlocuteurs, c'était moins la diversité que la chaleur communicative de sa conversation. Le geste, les mouvements du corps, l'expression de sa physionomie, dit Karl Bæhr, accompagnaient sa parole. C'était toute sa vie intérieure qui, d'un élan naturel, se donnait et se répandait au dehors [1].

Quant à la Correspondance, Schopenhauer lui-même s'opposait à ce qu'elle devînt un objet de publicité. Très scrupuleux, même au point de vue du style, pour tout ce qui s'adressait au commun des lecteurs, il se vantait d'être *oligographe*; il était sous ce rapport le contraire de Hegel. Bahnsen ayant un jour manifesté l'intention de répandre certaines de ses lettres par des copies, il lui écrivit :

« Je suis heureux de voir que vous continuez de vous intéresser à ma philosophie et de lui gagner des adhérents par votre activité apostolique. Je vous prie cependant de renoncer au projet que vous avez de répandre ma correspondance par des copies. Je ne verrais pas avec plaisir mes lettres multipliées de la sorte. Une copie engendre d'autres copies, et l'une d'elles pourrait bien à la fin tomber entre les mains d'un homme qui la vendrait à un éditeur pour l'impression. Je ne veux pas cela. Une lettre est une chose qu'on jette là sans souci et sans préméditation. Après tout, qu'y gagneriez-vous ? Ces lettres ne contiennent absolument rien de nouveau. Je ne prodigue pas ma pensée dans des correspondances privées. »

Ces scrupules pouvaient se justifier du vivant de Schopenhauer et avec son caractère craintif et méfiant;

1. Les conversations de Schopenhauer ont été de bonne heure recueillies par ses disciples. Des étrangers, que sa renommée attirait à Francfort, y ont joint leurs souvenirs. Édouard Grisebach, l'homme qui a le plus fait pour la mémoire de Schopenhauer, a réuni le tout en un volume : *Schopenhauers Gespräche*, Berlin, 1898.

ils n'ont plus de raison d'être aujourd'hui. Ce qu'il y a
de plus intéressant dans une philosophie, c'est souvent le
philosophe, et qu'est-ce qui nous fait mieux connaître la
personne du philosophe que sa correspondance, où sa
pensée se traduit au jour le jour avec une sincérité
parfaite? Au reste, les lettres de Schopenhauer ne sont
pas, comme il le dit, jetées au hasard; elles sont, au
contraire, très méditées[1].

* *

Schopenhauer n'est pas un philosophe à la manière de
Kant ou de Spinosa, méditant sa philosophie en silence,
la soumettant à une lente élaboration, avant de la produire
devant les juges compétents. A trente ans, son système
est tout fait. Son ouvrage principal paraît en 1818; il y
ajoutera plus tard des développements, des éclaircisse-
ments, sans en modifier le contenu essentiel. C'est que le
pessimisme de Schopenhauer, c'est lui-même; il est né
pessimiste. Il n'avait pas encore terminé ses études clas-
siques, que sa mère lui disait déjà dans une lettre : « Tu
n'es pas méchant, tu as de l'esprit, de la culture, tout ce
qui pourrait faire de toi un ornement de la société; je
connais ton cœur, il n'en est pas de meilleur; et, avec
cela, tu es à charge aux autres et insupportable. Toutes
tes bonnes qualités sont gâtées et obscurcies par ta *super-
sagesse*, par la fureur qui te possède de voir partout des
défauts, excepté en toi-même. » La personne du philosophe n'avait donc rien de séduisant. De plus, le moment
n'aurait pu être plus mal choisi pour annoncer une philo-

1. Il en existe deux recueils, publiés à une année d'intervalle, et
indépendants l'un de l'autre : celui de Schemann, consacré surtout à la
correspondance avec Adam de Doss (*Schopenhauer-Briefe*, Leipzig, 1893),
et celui de Grisebach (*Schopenhauers Briefe*, Leipzig, 1894). M. J. Bourdeau
a donné quelques fragments de correspondance avec Frauenstædt dans
son livre intitulé : *Arthur Schopenhauer. Pensées et Fragments*, p. 31-49.

sophie qui concluait au néant. Jamais la raison humaine n'avait montré une plus grande confiance en elle-même. Les hégéliens célébraient alors leur plus beau triomphe. On construisait le monde, comme un édifice dont on n'aurait eu qu'à tracer le plan. L'homme, comme on le disait tout haut, finissait par créer Dieu et par s'adorer lui-même dans sa création. Les universités allemandes proclamaient ces vérités comme définitives et désormais acquises à la science. Schopenhauer enseigna pendant un semestre à Berlin à côté de Hegel. Quelques personnes à peine vinrent l'entendre, tandis que Hegel avait salle comble, et, le semestre suivant, le cours s'arrêta faute d'auditeurs. Dans les chaires universitaires, nul ne parlait de lui; on ne le discutait pas, on l'ignorait. Alors il se révolta à son tour, et il lança l'anathème contre « les trois sophistes », la « descendance bâtarde » de Kant : Fichte, Schelling et Hegel.

Dès lors, toute philosophie qui tombe d'une chaire universitaire lui paraît suspecte. Que de considérations un professeur de philosophie n'a-t-il pas à prendre, que d'autorités à ménager, sans compter la parole du maître! Or, la vraie philosophie ne supporte aucune entrave; « elle est comme la rose des Alpes, qui ne fleurit qu'à l'air libre des montagnes, et qui dégénère dans la culture artificielle ». Pendant trente ans, Schopenhauer poursuit de ses sarcasmes la philosophie universitaire. En même temps, il guette d'un œil jaloux, dans les journaux allemands et étrangers, la moindre allusion à sa propre philosophie. Puis, peu à peu, les adhésions lui viennent; elles ne partent pas du monde savant, mais du grand public, et le talent de l'écrivain y est bien pour quelque chose. Tout grand philosophe a ses disciples; ce sont ordinairement d'autres philosophes, qui s'inspirent de lui et lui restent plus ou moins fidèles. Les disciples de Schopenhauer sont des magistrats, des avocats, des négociants, des artistes, des journalistes, quelques jeunes gens. Si un lien doctrinal les unit, c'est une attitude réservée, plutôt qu'hostile, vis-à-vis des Églises établies.

Un seul philosophe de profession figure parmi eux; c'est Frauenstædt, l'enfant terrible de l'école, que Schopenhauer est constamment obligé de tenir en bride, pour l'empêcher de prêcher hautement l'athéisme. Tous sont pénétrés d'un sincère amour de la vérité. Ils confient leurs scrupules au maître, qui leur répond ou les renvoie simplement à un passage de ses écrits. Ils correspondent entre eux, et vivent dans une sorte de confraternité idéale, sous l'égide du vieux Bouddha, qui leur enseigne la vanité de toutes choses.

Les écrits de Schopenhauer ne le montrent qu'avec les qualités de son esprit, et Schopenhauer est incontestablement un grand esprit. Sa correspondance nous le fait voir dans le plein jour de sa vie ordinaire, dans ses relations avec ses disciples, dans ses querelles avec ses adversaires; elle lève le voile sur ses ambitions secrètes, sur ses faiblesses, sur ses illusions. Elle offre, par d'autres côtés, l'application de sa doctrine. Comme Schopenhauer prête une volonté à chaque être de la création, à la pierre, à la plante, non moins qu'à l'animal et à l'homme, il arrive à des conceptions qui frisent le mysticisme. Il attribue une vertu curative au magnétisme; il en fait l'expérience sur lui-même, sur son chien. Son chien n'est-il pas une personne sacrée? Ne s'appelle-t-il pas Atma, Ame du monde? Il croit aux tables tournantes; on ne sait s'il y voit un fait d'expérience, ou seulement une expression symbolique de sa doctrine. C'est le seul point sur lequel il n'arriva pas à convaincre le plus distingué de ses disciples, Frauenstædt. Ayant découvert, par les recherches d'un autre de ses disciples, qu'il était né un vendredi, il est près de voir dans cette découverte un mauvais présage. Ses vrais maîtres, après Kant et Platon, étaient les moralistes français et anglais du xviiie siècle, mais il n'a pas su leur emprunter ce grain de scepticisme ou d'ironie qui aurait pu lui faire comprendre que l'esprit d'un homme, quelque profond qu'il soit, ne saurait contenir la vérité entière. Il n'a même pas su leur demander une leçon de goût, et s'épargner ainsi les grossières injures dont il accable ses adversaires. De là, chez lui, ce ton tranchant et impératif, ce dogmatisme effréné, qui lui fait considérer ses écrits comme un texte sacré dont il ne faut pas retrancher un iota.

Schopenhauer avait écrit une *Critique de la philosophie kantienne*; c'était comme l'introduction de sa propre philosophie[1]. Kant était bien, pour lui, le maître, mais non point le maître absolu, devant lequel il fallût abdiquer en toute circonstance. Il se croyait appelé à le compléter, à le corriger par endroits, et, comme il disait, à le simplifier. Il lui reprochait même, malgré la rigueur de ses déductions, ce qu'il appelait son style gothique, c'est-à-dire sa phrase chargée d'incidentes, qui ressemblent aux mille découpures de la façade d'une cathédrale. Mais Kant a fait « ce qu'il y a de plus rare au monde, une découverte métaphysique »; il a montré que ce que nous connaissons, ce que nous saisissons avec notre intelligence, ce ne sont pas les objets, mais nos perceptions des objets, que par conséquent nous raisonnons sur des apparences, et que la réalité, le fond mystérieux des choses, nous échappe. Et c'est de ce principe que devra procéder à l'avenir toute recherche philosophique.

A côté de Kant, parfois au-dessus de lui, Schopenhauer cite Gœthe : ce sont, dit-il, les deux plus fortes têtes que l'Allemagne ait produites. Quant aux philosophes ses contemporains, il les ignorait de parti pris. Il déclarait Hegel illisible : c'était sa manière de le réfuter, et c'était vrai.

1. Elle a été traduite en français par Cantacuzène (Bucarest, 1880).

Sa lecture habituelle, c'étaient les philosophes et les physiologistes français. Il cite volontiers Voltaire, Helvétius, Chamfort; il en recommande la lecture à ses disciples. Il s'appuie sur l'autorité de Bichat, de Cabanis, de Flourens. « Gardez-vous, écrit-il à Frauenstædt, d'écrire jamais un seul mot sur la psychologie dans ses rapports avec la physiologie sans vous être complètement assimilé Bichat et Cabanis. Avec ces deux hommes, ajoute-t-il, vous pouvez vous dispenser de lire cent bousilleurs allemands ». — « Un *quidam*, dit-il ailleurs, n'a-t-il pas eu l'impudence de citer Bichat en passant et comme une référence de second ordre, alors que sur cent millions de bipèdes humains on compte à peine une seule tête comme celle de Bichat? » Quant à Cabanis, selon Schopenhauer, tout homme intelligent, sans être philosophe, doit avoir lu son ouvrage sur les *Rapports du physique et du moral de l'homme.*

En somme, il résulte de la correspondance de Schopenhauer, aussi bien que de ses écrits, que son pessimisme ne fait, par certains côtés, que continuer la tradition française du xviiie siècle, approfondie par le criticisme de Kant.

Erdmann, auteur d'une *Histoire de la philosophie depuis Kant*, qui parut en trois volumes de 1834 à 1853, ayant demandé à Schopenhauer des renseignements sur sa vie, reçut de lui la lettre suivante.

« Très honoré professeur,

« L'usage que vous voulez faire des renseignements que vous me demandez est trop flatteur pour moi, pour que je ne me croie pas obligé de répondre à votre désir, quoique, en général, je n'approuve pas la tendance du public à s'informer de la personne d'un auteur, au lieu de lire simplement ses écrits. Pour ce qui me concerne, j'ai toujours tenu ma personne à l'écart. Je vous transmets donc quelques-uns des traits principaux de ma biographie, ceux qui me paraissent convenir à votre but.

« Je suis né à Dantzig, le 22 février 1788. Mon père était un des négociants les plus considérés de cette ville ; ma mère était Johanna Schopenhauer, qui plus tard s'est rendue célèbre par ses romans. Sans m'arrêter à « l'évangile de l'enfance », qui nous conduirait en France et en Angleterre, je vous dirai que, en 1809, j'entrai à l'université de Gœttingue, où je suivis d'abord les cours d'histoire et d'histoire naturelle. Au second semestre, l'enseignement de Schulze-Énésidème me décida pour la philosophie. Schulze me donna le sage conseil de m'attacher d'abord uniquement à Platon et à Kant, et de me rendre maître de ces deux philosophes, avant de m'attaquer à Aristote ou à Spinosa ou à aucun autre. Je me suis toujours bien trouvé de ce conseil.

« En 1811, je me rendis à Berlin, dans l'espoir d'apprendre à connaître en Fichte un vrai philosophe et un grand esprit, mais mon admiration *a priori* se changea bientôt en mépris. Je suivis néanmoins son cours jusqu'au bout. En 1813, je présentai ma thèse sur *le Principe de la raison suffisante* à Iéna. Je passai l'hiver suivant à Weimar ; je fis alors la connaissance de Gœthe, et j'eus avec lui des relations aussi intimes que le permettait une différence d'âge de trente-neuf ans ; ce fut pour moi un grand bienfait. En même temps, mes rapports avec l'orientaliste Frédéric Mayer m'introduisirent dans les antiquités de l'Inde, ce qui fut d'une importance capitale pour ma philosophie.

« De 1814 à 1818, j'ai vécu à Dresde, visitant la bibliothèque et les collections d'art, me livrant à des études variées, tout en suivant mes propres pensées. Je citerai comme un de mes travaux de ce temps ma dissertation *Sur la Vision et les Couleurs*. Ce fut pendant ce séjour de quatre années à Dresde que mon système philosophique se forma dans ma tête, en quelque sorte sans ma volonté, comme un cristal dont tous les rayons convergent vers le centre. J'en ai fait l'exposition au premier volume de mon ouvrage principal. Ce ne sont pas les livres, c'est le monde qui m'a fécondé.

« Aussitôt que j'eus livré mon manuscrit à l'éditeur, je partis pour Rome et Naples. A mon retour, en février 1820, je me fis inscrire sur la liste des docteurs enseignants de l'université de Berlin. J'ai fait un cours pendant le premier semestre, et je me suis arrêté là. Au printemps de 1822, j'entrepris un nouveau voyage en Italie. Je revins à Berlin en 1825; je fis encore figurer mon nom sur le tableau des professeurs, mais sans plus jamais enseigner. En 1830, je fis pour l'étranger un remaniement en latin de ma dissertation *Sur la Vision et les Couleurs*, qui a trouvé place au troisième volume des *Scriptores ophthalmologici* de Radius.

« En 1831, l'approche du choléra me fit fuir de Berlin; je vins provisoirement ici, et je finis par m'y fixer, déterminé par le climat et les commodités de la ville. Depuis l'année 1818, à l'exception du remaniement latin dont je viens de parler, je n'avais rien publié; le peu d'attention qu'on avait accordé à mon œuvre en face de la glorification de Hegel, m'avait fait garder un silence indigné. J'écrivis à Francfort, en 1836, mon traité de *la Volonté dans la nature*, un écrit de peu de pages, mais d'un grand poids, parce qu'il contient le noyau de ma métaphysique, plus nettement présenté que dans aucun autre de mes écrits. En 1838 et 1839, je présentai au concours proposé par les États scandinaves les deux traités qui parurent ensemble en 1841 sous le titre de *Problèmes fondamentaux de l'Éthique*. En 1844 parut la seconde édition de mon ouvrage principal, augmenté de moitié, et en 1847 une édition revue de ma thèse de doctorat.

« J'ai le bonheur inestimable, pour un homme comme moi, d'avoir une existence assurée, et de n'avoir jamais été obligé de travailler pour de l'argent, ou de rechercher un emploi pour vivre. J'ai pu disposer ainsi librement de mon temps et de mes forces, et garder cette tenue haute

et droite sans laquelle des ouvrages comme les miens ne
peuvent venir au jour.

« Je reste, honoré professeur, avec une parfaite considération,

« **Votre dévoué** serviteur

A. S.

« Francfort, le 9 avril 1851. »

Cette lettre date de l'époque où Schopenhauer com-
mençait à devenir célèbre. Il ne put jouir de cette célébrité
qu'une dizaine d'années, mais il en jouit pleinement et
avec un légitime sentiment d'orgueil. Le matin du
21 avril 1860, son médecin, en entrant chez lui, le trouva
assis sur son canapé, ayant cessé de vivre, sans qu'aucune
altération se remarquât sur ses traits.

CONVERSATIONS DE SCHOPENHAUER

WIELAND, GŒTHE
FRAUENSTÆDT, KARL BÆHR, FOUCHER DE CAREIL
CHALLEMEL-LACOUR, VISITE D'UN ÉTUDIANT

WIELAND. (1811.)

En 1811, Schopenhauer faisait ses études à l'université de Gœttingue. Étant venu passer les vacances de Pâques auprès de sa mère à Weimar, il se présenta chez Wieland, le doyen des écrivains allemands, alors âgé de soixante-dix-huit ans. Wieland lui conseilla de ne pas se cantonner dans les études philosophiques, qui ne lui ouvriraient aucune carrière civile.

Schopenhauer lui répondit : « La vie est un dur problème à résoudre. J'ai résolu de consacrer la mienne à y réfléchir. »

Dans le cours de la conversation, Wieland se ravisa et dit enfin avec chaleur : « Vous avez raison, jeune homme. Je comprends maintenant votre nature : soyez philosophe. » Et à la fin il ajouta : « Vous allez retourner à Gœttingue, ensuite vous passerez encore deux années d'études à Berlin. Qui sait, quand vous reviendrez ici, si je serai encore en vie ? — Vous avez une excellente mine, dit Schopenhauer : pourquoi ne vivriez-vous pas ? — Peut-être bien, répondit Wieland. On se racornit avec l'âge, et dans cet état il peut arriver que l'on végète encore quelques années. »

Quelque temps après, il y eut grande réception à la cour. Wieland et Johanna Schopenhauer y assistaient, celle-ci par faveur spéciale, quoiqu'elle fût de naissance bourgeoise. Pendant qu'on échangeait des salutations banales, Wieland s'approcha tout à coup de Johanna

Schopenhauer, et lui dit avec une vivacité toute juvénile : « J'ai fait ces jours-ci, madame, une connaissance fort intéressante : c'est celle de votre fils. Voilà un homme qui fera un jour parler de lui. »

Mme Schopenhauer fit part de ce jugement à son fils, dans la première lettre qu'elle lui écrivit à Gœttingue. Quand Arthur Schopenhauer revint à Weimar, en 1813, Wieland venait de mourir[1].

1. Johanna Schopenhauer s'est fait une réputation par ses romans et ses récits de voyage, les uns et les autres aujourd'hui oubliés. Ses œuvres complètes (Leipzig, 1830-1831) ne comptent pas moins de 24 volumes, auxquels se sont encore ajoutés 2 volumes d'ouvrages posthumes. Elle est morte en 1838. Elle n'a jamais cru au génie de son fils. — Le récit ci-dessus est emprunté à Karl Bæhr (*Gespräche und Briefwechsel mit Arthur Schopenhauer, herausgegeben von Ludwig Schemann,* Leipzig, 1894).

GŒTHE.

Gœthe me dit un jour que, quand il lisait une page de Kant, il lui semblait qu'il entrait dans une chambre bien éclairée [1].

Gœthe me raconta qu'il avait fait représenter à la cour de la duchesse Amélie, par des courtisans, plusieurs des pièces qu'il venait de composer, mais que chacun n'avait pris connaissance que de son propre rôle, et que la pièce dans son ensemble leur était inconnue à tous; il en fut encore ainsi le jour de la représentation. Notre vie est-elle autre chose qu'une comédie de ce genre? Le philosophe est celui qui se contente d'une place de figurant, pour voir défiler la pièce entière devant ses yeux [2].

[1]. *Arthur Schopenhauers handschriftlicher Nachlass, herausgegeben von Eduard Grisebach*; *Neue Paralipomena*, § 631.

[2]. *Le Monde comme volonté et comme représentation, Suppléments du premier livre*, chap. xv.

FRAUENSTÆDT. (1846-1847.)

Jules Frauenstædt fut le principal disciple de Scho-
penhauer, non pas le plus orthodoxe, si ce mot peut être
employé ici, car il eut souvent son opinion à lui, mais
assurément le plus actif et celui qui fit le plus pour la
propagation de la doctrine. Comme beaucoup de ses con-
temporains, il n'arriva à Schopenhauer qu'en passant par
Schelling et Hegel. Il était né en 1813, dans un village de la
Pologne prussienne. Il étudia d'abord la théologie à l'uni-
versité de Berlin, puis il inclina peu à peu à la critique
philosophique. Une de ses premières publications fut un
traité de l'Incarnation divine, sa possibilité, sa réalité, sa
nécessité : c'était le christianisme vu à travers l'hégélia-
nisme. Il terminait son stage universitaire, quand la ques-
tion du Rapport de la psychologie à la métaphysique
fut mise au concours. Il fit aussitôt quelques recherches
préparatoires, mais fut tout étonné, dit-il, de trouver moins
de lumières chez les maîtres du jour que dans un ouvrage
qui avait paru depuis une vingtaine d'années, et dont on ne
lui avait jamais parlé : c'était le Monde comme volonté et
comme représentation. Un recueil d'Études et Critiques,
qu'il publia en 1840, et un article des Halle'sche Jahrbücher,
de l'année suivante, marquent son évolution définitive. Il
disait dans cet article : « C'est le sort des penseurs désin-
téressés, qui cherchent la vérité loin du bruit et de la foule,
d'être ignorés de leurs contemporains. N'est-ce pas ce qui
arrive au profond et génial Schopenhauer, dont la

doctrine pourrait être, pour maint philosophe de profession, une lumière devant laquelle pâlirait sa propre sagesse? »

Dans la même année 1841, il entra comme précepteur dans la maison du baron de Meyendorff, ambassadeur de Russie à Berlin. Puis il se chargea de l'éducation des enfants du prince Louis de Sayn-Wittgenstein; il se rendit avec lui en Russie, et demeura cinq ans aux environs de Vilna. En 1846, ayant fait avec ses élèves un voyage en Allemagne, il s'arrêta à Francfort, où Schopenhauer lui fit un accueil empressé. Du mois d'octobre 1846 au mois de février 1847, et pendant le mois de septembre 1847, il vécut dans l'intimité du maître, recueillant ses paroles et s'instruisant des détails du système. Après son départ, une correspondance s'établit entre eux; elle dura jusqu'à la mort de Schopenhauer.

Frauenstædt a beaucoup écrit; il a combattu, dans de nombreux traités, le matérialisme et le panthéisme au nom de l'idéalisme de Kant et de Schopenhauer. Il a popularisé la doctrine dont il s'était fait l'adepte, en la réduisant sous forme de lettres, dont il publia deux séries, en 1854 et en 1876. Shopenhauer lui légua ses manuscrits, et lui donna plein pouvoir pour les éditions futures de ses œuvres. Ce fut Frauenstædt, en effet, qui publia la première édition complète des œuvres de Schopenhauer, en six volumes, à Leipzig, en 1873 et 1874; une seconde édition suivit en 1877.

Frauenstædt est mort à Berlin le 13 janvier 1879. Il a consigné ses souvenirs personnels dans un écrit qu'il a publié en commun avec Ernst Otto Lindner : Arthur Schopenhauer, Von ihm, Ueber ihn (Berlin, 1863). Ces notes sont d'autant plus précieuses, qu'elles se présentent sans apprêt, dans leur forme fragmentaire, avec tout l'abandon d'une conversation improvisée.

N'ayant qu'un jour à passer à Francfort, je voulus en profiter le plus possible, et je me rendis dès onze heures du matin chez Schopenhauer. Arrivé devant la porte de sa chambre, qui donnait sur le corridor du rez-de-chaussée, j'eus un instant d'hésitation. Puis, me rappelant tout ce que j'avais fait pour sa philosophie, je frappai résolument. J'entendis un aboiement à l'intérieur, et une forte voix qui disait : *entrez.* Je vis le philosophe, vêtu d'une robe grise, assis sur un sopha en face de la porte, un livre à la main. Il se leva brusquement, et me souhaita cordialement la bienvenue. Il regretta qu'un exemplaire sur papier vélin de la seconde édition du *Monde comme volonté et comme représentation*, qui venait de paraître, ne me fût point parvenu et lui eût été renvoyé. Il alla le chercher et me le donna. Et aussitôt il manifesta son irritation au sujet de la « campagne du silence » menée contre lui par les professeurs. « Sans vous et Dorguth, ajouta-t-il, le public ne saurait rien de moi; vous êtes ma consolation[1]. »

Quand son ressentiment fut un peu calmé, il passa à un point de doctrine qui lui tenait alors fort à cœur. Il reprit le livre qu'il avait posé sur la table, et dit : « Vous ne devineriez pas ce que je viens de lire : c'est une des plus anciennes explications des songes, l'*Onéirocritique* d'Artémidore[2]. Voilà deux ans, en effet, que je m'occupe

---

1. Frédéric Dorguth n'était pas, comme Frauenstædt, un philosophe de profession; c'était un de ces « laïques » qui étaient séduits par le côté pratique de la philosophie de Schopenhauer, et sans doute aussi par l'attrait d'une forme qui la rendait abordable à tout esprit cultivé. Il était né à Magdebourg en 1776; il fut d'abord conseiller de guerre à Varsovie, ensuite conseiller de justice dans sa ville natale. Son premier écrit, une *Critique de l'idéalisme* (1837), était dirigé contre Hegel; il était dès lors prêt à s'entendre avec Schopenhauer. Celui-ci l'appelait son « évangéliste primitif » (*der Urevangelist*). Dorguth fut, en effet, l'un des premiers, sinon le premier, à le défendre et à l'opposer à l'enseignement officiel. En 1845, à propos de la seconde édition du *Monde comme volonté et comme représentation*, il publia un opuscule intitulé : *Schopenhauer in seiner Wahrheit*, et, dans la préface, il disait : « Schopenhauer ne peut pas rester toujours ignoré, car il n'enseigne que la claire et éternelle vérité. » Dorguth est mort du choléra en 1854. Sa correspondance avec Schopenhauer est perdue.

2. Artémidore, écrivain grec de la fin du IIe siècle, a beaucoup voyagé, et a eu des succès en pratiquant tous les arts de la divination. Son *Onéirocritique* a été souvent traduite et remaniée.

du somnambulisme, de la vision et d'autres phénomènes de ce genre, dont je veux donner une explication métaphysique[1]. Mon travail ne prendra que quelques feuilles d'impression, mais, pour écrire ces quelques feuilles, il m'a fallu lire toute la littérature ancienne et moderne sur le sujet. En général, continua-t-il, en lisant certains de mes écrits qui ne tiennent qu'un petit nombre de pages, on ne se douterait pas des longues recherches qui ont précédé. Mais je n'ai jamais travaillé autrement, voulant toujours me rendre parfaitement maître de la question avant de prendre la plume. C'est ainsi que tout un hiver j'ai vécu avec les tragiques grecs pour écrire quelques pages sur la tragédie, au second volume du *Monde comme volonté et comme représentation*. Une autre fois j'ai fait un vrai cours d'harmonie pour ma *Métaphysique de la musique*. »

————————

Lorsque je revis Schopenhauer, il me fixa les jours de la semaine et les heures où je pouvais me présenter chez lui. J'eus aussi l'occasion de passer souvent avec lui l'après-midi, ou de l'accompagner dans ses promenades. Je gardais ordinairement vis-à-vis de lui une attitude passive; je me bornais à écouter; j'interrompais très rarement; car, d'un côté, c'était une jouissance de l'entendre, et d'ailleurs je savais qu'il n'aimait pas la contradiction. Je me fis expliquer ainsi divers points de sa philosophie. Il avait un art particulier pour rendre les choses visibles; il avait toujours une image à sa disposition pour présenter une idée abstraite, et sa pensée se traduisait dans ses gestes, dans les mouvements de son corps, dans l'expression de sa figure.

Dans la conversation, il passait avec une extrême facilité de sa personne à sa doctrine, et réciproquement. C'est ainsi qu'il me dit un jour : « La plupart des livres

1. Voir l'essai *Ueber Geistersehn*, au premier volume des *Parerga*. Traduction d'Auguste Dietrich : *Essai sur les apparitions*, Paris, 1912.

durent peu. Ceux-là seuls vivent, où l'auteur s'est mis lui-même. Dans toutes les grandes œuvres, on retrouve l'auteur. Dans mon œuvre à moi, je me suis *fourré* tout entier [1]. Il faut qu'un écrivain soit le martyr de la cause qu'il défend, comme je l'ai été. »

Il disait à cette occasion : « On voit à ma tête que j'ai beaucoup travaillé dans ma vie. Le travail se lit sur ma figure. » Et il racontait qu'un Anglais, assis en face de lui à table d'hôte, l'ayant regardé quelque temps, sans le connaître, avait fini par lui dire : « Monsieur, vous devez avoir accompli une grande œuvre. »

Un trait du caractère de Schopenhauer, c'est la ténacité qu'il mettait dans ses résolutions et dans ses entreprises. Je pus m'en rendre compte lorsqu'il travaillait à la seconde édition de *la Quadruple Racine du principe de la raison suffisante*. Il me disait alors qu'il voulait profiter de cette occasion pour châtier, comme ils le méritaient, les professeurs de philosophie, et il me cita, comme exemple quelques passages du livre. Il craignait cependant que sa vivacité ne l'entraînât trop loin et ne lui attirât un procès; il avait même consulté un avocat pour savoir jusqu'à quel point il pourrait aller. Je lui conseillai de bannir de ses traités scientifiques toute allusion personnelle, et de réserver sa polémique pour un ouvrage spécial. Je lui dis : « Pourquoi, dans la première édition du *Monde comme volonté et comme représentation*, vous êtes-vous tenu si haut? C'est parce que vous avez toujours procédé objectivement, étant uniquement occupé de votre sujet. Un ouvrage scientifique fait pour l'humanité entière doit rester libre de tout ce qui est purement subjectif, de toute sortie contre les contemporains. Présenter à quelqu'un des vérités scientifiques en les couvrant d'invectives, c'est lui offrir un fruit savoureux en lui montrant le fouet. »

Schopenhauer me répondit : « Oui, dans la jeunesse,

---

1. *Stecke ich selbst ganz.* — Je suis moy-mesme la matière de mon livre (*Montaigne*).

on peut être sublime à ce point, mais dans la vieillesse il en est autrement. J'ai possédé pendant vingt ans cette haute vertu, et j'ai gardé le silence ; mais aujourd'hui je veux exercer de sang-froid mon ressentiment. Au reste, continua-t-il, votre comparaison n'est pas juste. D'abord, mon fouet n'est pas pour le lecteur, mais pour les professeurs de philosophie. En second lieu, mon fouet est entouré d'un fil d'or, comme la corde que le sultan envoie à ceux à qui il ordonne de se pendre. Platon a-t-il ménagé les sophistes dans son *Protagoras*? et Giordano Bruno ne dit-il pas, dans *la Bestia triunfante*, qu'il faudrait couper la tête à ses adversaires et leur en mettre une autre ?[1] »

———

Schopenhauer me raconta qu'au temps où, à Dresde, il était occupé de son ouvrage principal, il avait quelquefois des allures si étranges qu'on le prenait pour un fou. Un jour, se promenant dans les serres du Jardin botanique, et tout absorbé dans ses réflexions sur la physionomie des plantes, il se demandait d'où venait la variété des formes et des colorations dans le monde végétal, et quelle était, en somme, « la volonté » qui se manifestait dans toutes ces fleurs et ces feuilles. Il parlait sans doute à haute voix, et il attirait par sa gesticulation l'attention du gardien. Celui-ci fut enfin très intrigué de savoir quel était ce singulier visiteur : « Qui êtes-vous ? lui demanda-t-il. — Ah ! répondit Schopenhauer, si vous pouviez me le dire, je vous en serais reconnaissant. » C'est sans doute un fou, pensa le gardien.

« Le genre humain, me dit un jour Schopenhauer, est condamné par la nature à la détresse et à la ruine, car, lors même que les gouvernements trouveraient moyen d'opposer une barrière à l'injustice et à la misère, et de créer artificiellement une sorte de vie de Cocagne, les

———

1. Il va sans dire que Schopenhauer ne suivit pas le sage conseil de son disciple. La seconde édition de *la Quadruple Racine*, criblée d'invectives, est la seule qui figure dans les œuvres complètes.

hommes se battraient entre eux par ennui, et s'entretue-
raient, ou bien la surpopulation créerait la famine, l'usure
et la mort. »

Je lui dis un jour que dans certains arts l'humanité
paraissait déjà avoir atteint la perfection. Les Grecs
avaient excellé dans la sculpture, les Allemands dans la
musique. On ne pouvait donc espérer aucun progrès
nouveau dans ces arts, Schopenhauer me répondit : « Le
génie est individuel ; il peut donc, à côté de Mozart et de
Beethoven, se produire des œuvres originales. Considérez
aussi que l'humanité, dans son ensemble, est encore très
jeune. Il n'en est pas de même dans la philosophie ; il faut
bien que celle-ci, un jour ou l'autre, atteigne son point
culminant. »

« Après moi, disait-il, on pourra bien encore progresser
en largeur, mais non en profondeur. »

Une autre fois il disait : « Il n'y a pas d'autre chemin
pour arriver à la solution des grands problèmes de la
métaphysique que celui que j'ai ouvert. Finalement, il
faudra bien que l'on vienne à moi. Dans ma jeunesse, au
temps où je terminais la première édition du *Monde comme
volonté et comme représentation*, je voulais faire graver sur
mon cachet un sphinx se précipitant dans l'abîme, car
j'étais persuadé d'avoir résolu l'énigme du monde. »

Je demandai un jour à Schopenhauer s'il n'avait jamais
pensé à se marier. Il me répondit qu'il en avait eu plusieurs fois l'occasion, mais qu'il n'en avait jamais rien été,
et qu'il ne l'avait pas regretté ; car, dans le joug du mariage,
disait-il, il aurait pu difficilement écrire ses ouvrages. En
amour, il n'était nullement un saint ; il m'avoua même
que les femmes l'avaient toujours fort occupé, et qu'en
Italie, par exemple, il avait cultivé non seulement le beau,
mais encore les belles.

Il distinguait deux espèces de physionomies, la physionomie intellectuelle et la physionomie morale. La première
réside dans les yeux et dans le front, la seconde dans la

bouche et dans le menton. Il m'avoua sans détour qu'autant sa physionomie intellectuelle lui plaisait, autant sa physionomie morale lui déplaisait. Il trouvait sa bouche et son menton en désaccord avec l'expression de ses yeux et de son front.

Il partageait les esprits en trois catégories : 1° ceux qui, par leurs propres moyens, savent trouver et créer le vrai; ils sont très rares; 2° ceux qui ne savent pas créer le vrai par eux-mêmes, mais qui le reconnaissent quand on le leur présente; ceux-ci encore ne sont pas nombreux; 3° ceux qui ne savent ni créer ni reconnaître le vrai; c'est la grande masse.

Dans la seconde classe il rangeait Reinhold et Auguste-Guillaume Schlegel, lesquels, à la vérité, n'avaient rien créé d'original, mais qui avaient reconnu l'originalité dans Kant et dans Gœthe[1].

Il me dit un jour que, dans la composition de ses œuvres, il n'avait nullement pensé à la gloire, mais qu'il avait obéi uniquement à une impulsion intérieure, à une nécessité de sa nature. Il s'était conformé au dicton espagnol : *je suis qui je suis*, qui était devenu pour lui une règle de conduite, et il avait agi sans se soucier des suites de son action.

Il considérait le désir de la gloire comme un trait fondamental de la vieillesse. Chaque âge, disait-il, a sa passion, l'objet vers lequel se porte le « vouloir vivre ». Dans la jeunesse, c'est l'amour; dans l'âge mur, c'est la puissance et la possession; dans la vieillesse, c'est la gloire. C'est ce qui reste aux vieillards, quand tout autre sentiment s'est éteint. Même dans les situations les plus humbles, ils aiment à se vanter de ce qu'ils ont fait; et qui est-ce qui n'a pas eu dans sa vie un jour où il a fait quelque chose dont il puisse se vanter?

« Les professeurs de philosophie, disait-il un jour,

---

1. Karl Reinhold, gendre de Wieland, a beaucoup contribué à répandre les doctrines de Kant par ses *Lettres sur la philosophie kantienne*, qui parurent d'abord dans le *Mercure allemand*, ensuite en deux volumes, à Leipzig, en 1790-1792.

n'ont pas le temps de s'instruire, parce qu'ils dispersent trop leur activité. Ils sont fonctionnaires, ils font de la politique, ils voyagent. Celui qui veut apprendre quelque chose, doit mener une vie plus ramassée. »

Pour cette raison, il ne tenait pas Leibnitz en grande estime. « On veut, disait-il, le faire revivre aujourd'hui, on en publie des éditions nouvelles, et on le comble d'éloges, comme si c'était une grande lumière. Mais quand un homme est, comme lui, toujours en mouvement, qu'il se fait l'analyste de la maison de Brunswick, etc., ce n'est déjà plus, à mes yeux, un philosophe. »

« La théologie et la philosophie, disait-il, sont comme les deux plateaux d'une balance. Quand l'une descend, l'autre monte. Plus notre époque est incrédule, plus elle se sent portée vers la philosophie, et alors, il faut bien qu'elle vienne à moi. »

Je lui dis : « Vous n'espérez pas cependant que votre philosophie devienne jamais populaire? — Non, répondit-il, mais il faudra toujours une philosophie. Le besoin métaphysique est aussi enraciné dans l'homme que le besoin physique. »

Schopenhauer appelait Schiller et Byron des poètes subjectifs, Gœthe et Shakespeare des poètes objectifs, et il mettait ceux-ci au-dessus des autres.

Il s'étonnait que Shakespeare, qui était si grand comme poète, n'ait été qu'un acteur ordinaire.

Il déplorait la décadence du goût. Au théâtre, on ne veut plus entendre, mais voir. De là vient que dans les comédies actuelles il y a plus d'action que de dialogue. Dans les bonnes comédies d'autrefois, dans celles de Molière par exemple, le dialogue domine.

Il appelait le *Tristram Shandy*, le *Wilhelm Meister*, le *Don Quichotte* et *la Nouvelle Héloïse* les quatre grands romans. Il mettait le *Wilhelm Meister* au premier rang, en tant que « roman intellectuel[1] ».

---

1. On pourrait disputer sur ces quatre « grands romans », qui appar-

« Je ne voudrais pas vivre, disait Schopenhauer, s'il n'y avait pas de chiens au monde. Ce qui me rend la société de mon chien si agréable, — et, en disant cela, il le caressait de la main, et il le regardait dans les yeux, — c'est la transparence de son être. Mon chien est transparent comme un cristal. » Et à ces mots il rattacha aussitôt sa théorie de la différence entre l'homme et l'animal. L'animal n'est déterminé que par ce qui frappe ses sens, et il dépend uniquement de l'impression du moment, tandis que l'homme, qui est doué de raison, a la faculté d'obéir à des motifs abstraits. L'homme peut se rendre indépendant du moment actuel ; il agit par réflexion, mais aussi par dissimulation [1].

(*Arthur Schopenhauer. Von ihm. Ueber ihn, Ein Wort der Vertheidigung von* Ernst Otto Lindner, *und Memorabilien. Briefe und Nachlassstücke von* Julius Frauenstädt, Berlin, 1863.)

tiennent à quatre nations différentes, et qui paraissent se présenter chacun comme la plus haute expression de l'esprit d'une nation. *Tristram Shandy* a-t-il la même popularité que *Don Quichotte*, et mérite-t-il d'être placé au même rang ? *La Nouvelle Héloïse* représente-t-elle l'esprit français en général, ou seulement l'esprit français d'une époque ? Sur *Wilhelm Meister*, les opinions varient ; George Sand l'appelle le plus beau des romans ; Edmond Schérer y voit le comble de l'ennui. Enfin, pour un lecteur anglais, *Tristram Shandy* doit-il être préféré à *Gulliver* ou à *Robinson*, et, pour un lecteur français, *la Nouvelle Héloïse* est-elle supérieure au *Grand Gargantua*? Voilà bien des questions, auxquelles on peut répondre diversement. Toute classification en littérature est plus ou moins arbitraire.

1. Le chien de Schopenhauer, son compagnon inséparable, fut d'abord un bel épagneul blanc. Il mourut en 1849, et eut pour successeur un chien brun de même race, que Schopenhauer prit tout jeune et qu'il éleva. L'un et l'autre portaient le même nom : ils s'appelaient Atma, c'est-à-dire, en sanscrit, Ame du monde. Il semblait que la même âme vivait en eux. — Une des rares poésies de Schopenhauer est consacrée à l'éloge du chien : « Je ne m'étonne pas qu'on calomnie les chiens : — trop souvent hélas! l'homme n'a qu'à rougir devant le chien. »

KARL BÆHR. (1856-1858.)

Karl Bæhr était fils d'un professeur à l'Académie des Beaux-Arts de Dresde, un vieil ami de Schopenhauer. L'université de Leipzig, où il faisait ses études, ayant mis au concours une « exposition critique des principes de la philosophie de Schopenhauer », il crut pouvoir profiter des souvenirs de son père, et se mit sur les rangs. Il n'obtint pas le prix; il est probable que son jugement fut trouvé trop favorable; mais sa dissertation fut « couronnée » par Schopenhauer, ce qui ne lui sembla pas moins flatteur. Celui-ci le félicita d'avoir su reproduire ses idées, non pas avec les mêmes termes, comme un écolier qui redit les paroles du maître, mais sous la forme libre et personnelle d'une chose qu'on s'est assimilée et qu'on a faite sienne. Et comme Schopenhauer ne manquait aucune occasion de se rattacher à Kant, il ajoutait : « Vous avez plus de kantisme dans votre tête que six professeurs de philosophie réunis. » Karl Bæhr devint plus tard avocat et « notaire royal » à Dresde. Il épousa une nièce de Todleben, le défenseur de Sébastopol. C'était une nature généreuse et un esprit cultivé. Il tenait de son père le goût des arts, il était bon juriste, il s'intéressait aux œuvres philanthropiques. Il mourut en 1893. Sa première rencontre avec Schopenhauer eut lieu en 1856. Deux ans après, il passa trois semaines à Francfort, et il vit Schopenhauer presque journellement.

Avril 1856. — Je devais me rendre à Heidelberg pour commencer mon cinquième semestre à la Faculté de Droit. Je voulus profiter de mon passage à Francfort pour faire la connaissance de Schopenhauer. Je me rendis donc chez lui. Il vint au-devant de moi, me demanda des nouvelles de mon père, et me fit asseoir à côté de lui sur son sopha.

La conversation tomba sur le professeur Weisse. Schopenhauer me demanda si Weisse n'était pas partisan de la première philosophie de Schelling.

« Non, de la dernière, dis-je, et il a d'abord été hégélien. — Ah! fit-il, de la dernière? C'est donc un apôtre de la révélation [1], et, à propos de révélation, continua-t-il après un instant, il faut que je vous montre quelque chose de très intéressant et de très rare. »

Il alla chercher, dans un coin de la chambre, une statuette représentant une figure assise, à peu près haute d'un pied, en fer ou en cuivre, mais peinte en noir, assez semblable à une pagode chinoise. Il la posa devant nous sur la table, et me demanda d'un ton mystérieux si je devinais ce que c'était.

« Quelque chose de chinois, pensai-je. — Cette figure, reprit-il, vient probablement du Thibet; elle a bien cent ans, et représente le Bouddha. C'est une pièce rare, dont vous ne verrez pas de sitôt la pareille, et que je me suis fait envoyer de Paris. Cette figure est pour les bouddhistes ce que le crucifix est pour les chrétiens.

1. La dernière philosophie de Schelling, un essai de conciliation entre le panthéisme et la révélation chrétienne, devait remplacer non seulement les systèmes de Fichte et de Hegel, mais encore sa propre philosophie d'autrefois, la doctrine de *l'identité*, de l'accord entre le moi et le non-moi, entre l'esprit et le monde extérieur. Parmi les disciples de Schelling, les uns le suivirent dans son évolution, les autres restèrent fidèles à ce qu'il leur avait enseigné d'abord. Schelling était le seul des « trois sophistes » pour lequel Schopenhauer eût quelque ménagement. Christian Weisse était professeur à l'université de Leipzig, et, par la Société philosophique dont il était le président, il avait une grande influence sur les étudiants.

Le Bouddha est représenté ici comme un mendiant, assis à la manière asiatique, les yeux baissés, la main droite retombant sur le genou, la main gauche ouverte devant la poitrine pour recevoir des dons. C'est la manière strictement orthodoxe de le représenter. »

Comme je lui demandais pourquoi le Bouddha était représenté dans l'attitude d'un mendiant, il se mit à raconter la légende, mais d'une manière que je n'oublierai jamais. Ce n'était pas un savant de cabinet, un professeur allemand qui parlait, mais un philosophe par la grâce de Dieu, un sage des temps anciens. Je l'écoutais avec recueillement.

« Oui, disait-il, le Bouddha mendie, le Bouddha est un mendiant. Oh! elle est belle, la légende qui raconte comment il fut amené au salut. Élevé dans une demeure royale, vaste et somptueuse, il en sort pour la première fois dans sa vingtième année, et il se trouve en présence de la plus splendide nature qui puisse être étalée devant les regards d'un homme. Il est émerveillé, et il déclare que l'existence est belle. Mais voici un vieillard à la tête branlante (et Schopenhauer imitait le geste), qui s'avance vers lui, et qui semble lui dire : « Regarde-moi! Tout « cela n'est rien! » Le prince, consterné, demande à l'un de ses compagnons : « Qu'est ceci? — C'est la « vieillesse, prince : nous serons tous ainsi. » La marche continue, et l'on rencontre un malade qui se traîne au bord du chemin. Le Bouddha demande aux gens de sa suite : « Ceci aussi, peut-il nous frapper? » Ils lui répondent que oui. Le cortège s'avance encore. On voit passer une bière sur laquelle est couché un mort. Le Bouddha n'a jamais vu un homme dans cet état; il est épouvanté, et demande d'une voix tremblante si tous les hommes seront ainsi faits. Ses compagnons haussent les épaules. « Personne n'échappe à la mort », dit l'un d'eux. « Que dites-vous? s'écrie le Bouddha; si notre « existence mène à la vieillesse, à la maladie, à la mort, « que sommes-nous? Je ne veux plus vivre ainsi; je veux « me séparer de vous, aller dans le désert et méditer, »

Arrivé dans le désert, il congédie encore l'unique serviteur qu'il avait gardé, et il donne la liberté à son cheval, en lui disant : « Toi aussi, tu seras sauvé un jour. » Puis il change ses vêtements contre ceux d'un mendiant, et il passe le reste de ses jours dans la méditation et l'abstinence [1]. »

Schopenhauer me raconta qu'un pasteur de Sachsenhausen [2] avait récemment prêché contre lui, sans le nommer, il est vrai, mais en le désignant clairement dans une tirade indignée comme l'auteur d'une théorie nouvelle sur « la Volonté dans la nature ». — « Si ce monsieur, ajouta-t-il, pouvait, à l'aide d'un télescope, jeter un regard dans ma chambre et voir le Bouddha installé sur son socle comme une idole, quels signes de croix ne ferait-il pas sur moi ! »

Puis la conversation s'étendit sur divers sujets. Schopenhauer parla des visites qu'il recevait, des étrangers qui s'informaient à l'hôtel d'Angleterre de la place qu'il occupait à la table d'hôte, et qui le regardaient ensuite comme une bête curieuse. Quelques-uns demandaient même à lui être présentés. Comme un exemple des jugements baroques qu'on portait sur sa personne, depuis que le grand public s'occupait de lui en Allemagne et à l'étranger, il me cita la tirade d'un écrivain français, qui, parlant du séjour de Schopenhauer en Italie, dans un temps où lui-même était encore au berceau, s'exprimait à peu près ainsi : « Il jouissait des beautés de la nature italienne, envisageait les monuments de l'antiquité, mais il repoussait les hommes et regardait les femmes avec mépris. » A ces mots, Schopenhauer se renversa sur son canapé en riant aux éclats, et à ce moment il me parut tout à fait jeune. « Moi repousser les hommes ! s'écria-t-il. Mais songez donc que j'avais trente ans, et que la vie me

---

1. On peut rapprocher du récit de Schopenhauer le poème anglais d'Edwin Arnold, *la Lumière de l'Asie*, dont on trouvera l'analyse en appendice à la fin de ce volume.
2. Un faubourg de Francfort.

souriait. Et quant aux femmes, si seulement elles avaient voulu de moi[1] ! »

La conversation avait duré près de deux heures, lorsque je fis la remarque qu'il devait se préparer pour aller dîner. « Oui, dit-il, en regardant sa montre placée sur la table, il est déjà midi et demie. » Il me reconduisit jusqu'à la porte, et comme je devais repartir le lendemain, il me souhaita bon voyage.

Trois semaines à Francfort. Mai 1858. — Ce n'est qu'en 1858 qu'il me fut donné de revoir Schopenhauer. Il n'était nullement changé ; il montrait au contraire une vivacité étonnante de corps et d'esprit. Il avait la plus ferme confiance dans l'avenir ; il croyait même que la suite de ses jours était réglée par un arrêt irrévocable du destin. Ce n'était pas la vieillesse lourde et pâle dont il avait fait un si triste tableau dans la dernière page des *Parerga*. Il venait de sortir de la sphère de Jupiter, et il espérait exercer encore, sous le signe de Saturne, une action longue et forte[2]. Il se croyait privilégié parmi des milliers d'hommes, non seulement par les dons de son esprit, mais par sa santé, qui devait le mener infailliblement à quatre-vingt-dix, sinon à cent ans. Il sentait en lui cette vigueur enflammée, le *vigor igneus* que Virgile attribue aux ancêtres de son héros, et qui est la marque du génie.

Il fut confirmé dans sa confiance en une longue vieillesse par un rêve qu'il avait eu dans les premiers jours de son établissement à Francfort. Son père, pour lequel il avait une vénération particulière, lui était apparu,

---

1. Le passage auquel Schopenhauer fait allusion, et que Bœhr rapporte de mémoire, est tiré de Bartholmess, *Histoire critique des doctrines religieuses de la philosophie moderne*, Paris 1855, livre XIII.

2. « Les anciens astrologues ont cru à tort que chaque destinée individuelle était tracée dans les étoiles ; mais le cours de la vie humaine en général est très bien représenté par la succession des planètes. » (*Aphorismes sur la sagesse* ; chap. VI, *Des différents âges de la vie*). Mercure règne sur l'enfance, Jupiter sur l'âge mûr, Saturne sur la vieillesse, Uranus ouvre la porte du ciel.

et lui avait promis par un geste symbolique une vie longue et glorieuse dans sa nouvelle résidence [1]. Ainsi la pensée de la vieillesse, qui remplissait d'inquiétude ses admirateurs, était pour lui exempte de souci. « Voyez-vous, me dit-il encore, quand un homme a soixante-quatorze ou soixante-quinze ans, on parle d'un grand âge. Peu d'hommes passent la soixante-quinzième année. D'après cela, je n'aurais plus que cinq ans à vivre. Bah ! nous verrons bien. Chacun peut se tromper, mais il me semble que j'ai encore vingt ans devant moi. »

Le résumé de ses idées sur la fin de sa carrière était qu'il vivrait assez pour jouir de la confusion de ses détracteurs, qu'il verrait encore tomber autour de lui des œuvres éphémères qui avaient séduit un instant l'attention, tandis qu'une génération nouvelle s'inclinerait avec respect devant sa tête grise.

Le 1er mai 1858. — Schopenhauer me fit remarquer, comme un fait caractéristique, que sa philosophie avait trouvé un accueil particulièrement favorable dans certains cercles catholiques. Cela venait, pensait-il, de ce que cette philosophie rendait justice au catholicisme, plus qu'aucune autre depuis le temps des scolastiques, qui, du reste, étaient plutôt théologiens que philosophes. « Le Sauveur, ajoutait-il, a, dans le culte catholique, plus d'importance que le Jéhovah juif ; Jésus-Christ et Marie sont les figures qu'on adore de préférence, tandis que le Dieu créateur est assis sur son trône au haut du ciel, tranquille et inactif, regardant d'un air digne ce qui se passe au-dessous de lui. »

Schopenhauer ne cessait de répéter que sa philosophie était la première qui eût mis en lumière la vertu de l'ascétisme. Il prit un petit livre qui se trouvait sur son pupitre, et dit avec une certaine vivacité : « Il faut que je vous montre tout de suite une chose qui est venue fort à propos confirmer mes idées. »

---

1. « Les détails de ce rêve me sont sortis de la mémoire. Je me souviens seulement vaguement que son père se tenait devant lui, dans la cour de sa maison, un flambeau à la main. » (*Note de Bæhr*).

Je croyais, naturellement, qu'il voulait parler d'un livre nouveau qui venait de paraître, quand je lus sur le titre les mots : *Deutsche Theologie.*

« Connaissez-vous ce livre? dit-il. — Non », répondis-je. Alors il se mit à raconter : « Voyez-vous là, de l'autre côté de la rivière, à Sachsenhausen, cette vieille maison grise où le peintre Lunteschütz a installé son atelier? Là vivait au XIIIᵉ siècle un chevalier, qui, le premier, a enseigné « la négation de la volonté ». Son livre subit des accidents divers, et arriva enfin par hasard dans un vieux couvent, où, comme il était écrit en langue vulgaire, on lui donna dédaigneusement le titre de *Théologie allemande par un Francfortois.* On en fit des remaniements, qui le défigurèrent plus ou moins. Moi-même je l'ai lu pour la première fois, quand j'avais à peu près votre âge, dans une version qui, toute défectueuse qu'elle était, fit une profonde impression sur moi. Le texte original est difficile à comprendre pour celui qui n'a pas, comme moi, une profonde connaissance de la langue anglaise, car vous savez que l'anglais a été tiré de l'allemand au VIᵉ siècle. L'édition que j'ai ici entre les mains est de 1851, et a été tirée à 250 exemplaires. Il en a paru encore une autre édition, avec une traduction en allemand moderne. Oui, l'auteur de ce livre, avec Eckhart et Tauler, voilà ma parenté intellectuelle; il y a seulement cette différence que, dans la *Théologie allemande,* tout est résumé, tandis que les autres ont délayé leurs sermons dans de gros volumes [1]. »

Il m'apprit encore qu'il avait fouillé la vieille maison dans tous ses recoins, pour découvrir une inscription, un souvenir, une trace quelconque du chevalier, qu'il considérait comme un prédécesseur, mais en vain. Il en parlait

---

1. L'auteur du livre de *la Théologie allemande* était un religieux de la « Maison allemande », ancien domaine de l'ordre Teutonique, à Sachsenhausen. L'ouvrage est de la fin du XIVᵉ siècle. L'édition moderne accompagnée d'une traduction en haut allemand a paru à Stuttgart en 1855. La connaissance de l'anglais n'est d'aucune utilité pour l'intelligence du texte original.

avec une émotion si vraie, qu'on aurait dit qu'il l'avait connu personnellement.

Sa gouvernante entra en disant : « Monsieur le docteur, il est midi. »

Le 9 mai 1858. — Je demandai : « Que pensez-vous de la statue de marbre de Gœthe par Marchesi, qui se trouve dans le vestibule de la bibliothèque?

« — Elle est très belle; Gœthe est représenté assis, comme il convient, et en costume antique. Les généraux et les conquérants peuvent se tenir debout, les savants et les écrivains doivent être assis. J'ai vu l'œuvre de Marchesi avec Ottilie, la belle-fille de Gœthe. Nous en avons été tous deux très émus. « Oui, disait-elle, c'est bien lui, c'est bien le père. » Le monument de Schwanthaler ne représente que monsieur le conseiller privé. Tout le monde est mécontent de ce Gœthe, même mon tailleur, qui remarqua avec beaucoup de justesse que la redingote est boutonnée à l'envers. Peut-être est-ce un trait d'esprit de l'artiste. Les écrivains manquent souvent d'argent, et alors il peut leur arriver de faire retourner une vieille redingote, et voilà les boutons qui sont placés à contre-sens. »

Je fis remarquer que la tête du Gœthe de Schwanthaler était très belle.

« — Peut-être, mais c'est toujours monsieur le conseiller. Ajoutez la couleur noire du bronze et la hauteur exagérée du socle. En Italie, on pose les statues à ras du sol. Ici il semble que l'artiste ait voulu faire en sorte qu'on ne distingue rien. »

Le 15 mai 1858. — Schopenhauer s'étonnait que je n'eusse pas lu le *Gil Blas.* Il me fit connaître brièvement le contenu de ce roman et le caractère de l'auteur, et il remarqua que Lesage avait cela de commun avec d'autres grands écrivains, de n'avoir pas été pendant sa vie un favori de la fortune, et de n'avoir trouvé qu'auprès de la postérité la considération qu'il méritait.

A propos de Lesage, il se rappela un petit poème dramatique de Gœthe, intitulé *la Vie terrestre de l'artiste,* et notre conversation prit alors une tournure particulière, où se révéla tout le fond de son âme. Le poème de Gœthe contient deux scènes caractéristiques, dont l'une montre l'artiste dans la gêne de son existence matérielle, et l'autre sa brillante apothéose dans la mémoire des hommes. Je fus obligé d'avouer que ce poème aussi m'était inconnu. Alors Schopenhauer m'en cita le contenu, et il récita les vers suivants avec une émotion qui m'alla au cœur.

« Un ami qui eût partagé mes joies, — un prince qui aurait su apprécier le talent, — m'ont malheureusement manqué. — Au couvent, j'ai trouvé des protecteurs inintelligents ; — et c'est ainsi que, plein de zèle, sans connaisseurs — et sans élèves, je me suis tourmenté [1]. »

Il revint sur ce passage dans le cours de notre conversation, en relevant surtout les deux derniers vers. Je compris, sans qu'il eût besoin d'y insister, ce que le ton de sa voix et l'expression de sa figure disaient assez. La destinée de l'artiste de Gœthe, c'était sa destinée à lui, non pas au point de vue de la pauvreté, mais au point de vue de l'abandon et de l'oubli où le laissaient ses contemporains. C'est donc en vain qu'il s'occupait des plus hauts problèmes de l'humanité : nul ne lui en était reconnaissant.

Dans le même ordre d'idées, il cita une anecdote. On joue un drame au théâtre de Florence. La scène représente un palais. Les grands génies de l'Italie se rencontrent aux Champs-Élysées. On voit apparaître le Tasse, Dante, Pétrarque, et dans le nombre on entend nommer aussi un poète vivant, Métastase. Mais voici qu'un vieillard mal habillé se lève au milieu du parterre, frappe le sol avec

---

1.
Ein Freund, der sich mit mir ergetzte,
Ein Fürst, der die Talente schätzte,
Sie haben leider mir gefehlt ;
Im Kloster fand ich dumpfe Gönner ;
So hab'ich, emsig, ohne Kenner
Und ohne Schüler mich gequält.

Ces vers se trouvent dans *l'Apothéose de l'artiste,* qui fait suite à *la Vie terrestre.*

sa canne, et s'écrie sur un ton courroucé : « *Io sono Metas-tasio, io sono Metastasio!* » C'était le poète lui-même qui, en présence de son apothéose anticipée, semblait évoquer devant les spectateurs le contraste de sa pauvreté réelle.

« Oui, dit Schopenhauer, les voilà tristes et besogneux, ceux que vous vanterez un jour comme les génies de l'humanité, ceux dont vous ferez vos idoles. Regardez-les : c'est *la Vie terrestre de l'artiste*. A quoi leur servira votre hommage, quand ils seront couchés dans la tombe? Venez leur en aide, aussi longtemps qu'il leur reste un estomac pour la digestion, et des lèvres pour le baiser! »

(*Gespräche und Briefwechsel mit Arthur Schopenhauer, aus dem Nachlasse von Karl Bähr, herausgegeben von* Ludwig Schemann, Leipzig, 1894.)

FOUCHER DE CAREIL. (1859.)

Schopenhauer occupait, quand je le vis, le rez-de-chaussée d'une belle maison, à Francfort, sur le quai de la *Schöne-Aussicht*; sa chambre était aussi sa bibliothèque. Un buste de Gœthe y frappait tout d'abord les regards; une servante et un caniche formaient toute sa domesticité. Ce caniche est devenu célèbre, depuis qu'à l'exemple du grand Frédéric, il l'a couché sur son testament. Sa vie confortable et simple était celle d'un sage qui se conduit par maximes. Tout y était réglé par une prévoyante économie de ses forces et de ses ressources. Bien qu'il ne fût pas stoïcien, il était fidèle à la maxime : *Naturam sequi*. Il espérait que son régime de saine activité le ferait vivre jusqu'à cent ans, quand la mort le surprit à soixante-dix ans[1]. Il comptait ne plus écrire, mais revoir ce qu'il avait écrit. La troisième édition de son grand ouvrage venait de lui être payée 2 000 florins. Ce tardif et premier fruit de ses œuvres, qu'il recueillait à son automne, lui inspirait les réflexions les plus ingénieuses sur les pauvres hégéliens, qui ont escompté leur printemps, comme la cigale, tandis que l'intelligente et sage fourmi a économisé pour son hiver. « Ma philosophie n'est pas comme la leur, affaire de mode; elle restera. L'extrême-onction sera mon baptême; comme les saints, on attend que je sois mort pour me canoniser. »

1. Schopenhauer est mort en 1860, à soixante-douze ans.

Schopenhauer me reçut comme il recevait les Français, excepté M. Alexandre Weil, qui, en sa qualité d'Alsacien, lui fit l'effet d'un Allemand[1]. Sa conversation, d'abord un peu étrange, m'attacha vivement. Ce lecteur assidu du *Times*, ce causeur étincelant de verve et d'esprit, était un profond penseur. Cette mémoire heureuse qu'il n'étala jamais, qu'il cultiva toujours, n'était que le plus futile des dons qu'il avait reçus de la nature et de l'éducation; son érudition, qui était prodigieuse, n'avait rien de l'affectation d'un pédant; et cependant il avait la science *livresque* de Montaigne. Introduit dans sa bibliothèque, j'y ai vu près de 3 000 volumes, que, bien différent de nos modernes amateurs, il avait presque tous lus; il y avait peu d'Allemands, beaucoup d'Anglais, quelques Italiens, mais les Français étaient en majorité. Il eût reproché volontiers à ses compatriotes d'avoir trop de consonnes et pas assez d'esprit. Tout ce qu'il avait vu à Berlin l'avait outré; il ne pouvait souffrir la grossièreté, le manque d'éducation, la naïveté pédantesque, la forfanterie universitaire. Il rougissait presque d'être Allemand; il fallait l'entendre sur ce premier peuple métaphysique du monde. « C'est un défaut essentiel des Allemands, disait-il, de chercher dans les nuages ce qu'ils ont à leurs pieds. Quand on prononce devant eux le mot d'*idée*, qui offre à un Français ou à un Anglais un sens clair et précis, on dirait un homme qui va monter en ballon. »

Quand je le vis, pour la première fois, en 1859, à la table de l'hôtel d'Angleterre, à Francfort, c'était déjà un vieillard, à l'œil d'un bleu vif et limpide, à la lèvre mince et légèrement sarcastique, autour de laquelle errait un fin sourire, et dont le vaste front, estompé de deux touffes de cheveux blancs sur les côtés, relevait d'un cachet de noblesse et de distinction la physionomie pétillante d'esprit et de malice. Ses habits, son jabot de

---

1. La vraie raison est qu'Alexandre Weil avait traduit quelques pages des *Parerga*, et que Schopenhauer n'était pas content de la traduction.

dentelle, sa cravate blanche, rappelaient un vieillard de la fin du règne de Louis XV; ses manières étaient celles d'un homme de bonne compagnie. Habituellement réservé et d'un naturel craintif jusqu'à la méfiance, il ne se livrait qu'avec ses intimes ou les étrangers de passage à Francfort. Ses mouvements étaient vifs et devenaient d'une pétulance extraordinaire dans la conversation; il fuyait les discussions et les vains combats de paroles, mais c'était pour mieux jouir du charme d'une causerie intime. Il possédait et parlait avec une égale perfection quatre langues : le français, l'anglais, l'allemand, l'italien, et passablement l'espagnol. Quand il causait, la verve du vieillard brodait sur le canevas un peu lourd de l'allemand ses brillantes arabesques latines, grecques, françaises, anglaises, italiennes. C'était un entrain, une précision et des saillies, une richesse de citations, une exactitude de détails qui faisait couler les heures; et quelquefois le petit cercle de ses intimes l'écoutait jusqu'à minuit, sans qu'un moment de fatigue se fût peint sur ses traits ou que le feu de son regard se fût un instant amorti. Sa parole nette et accentuée captivait l'auditoire; elle peignait et analysait tout ensemble; une sensibilité délicate en augmentait le feu; elle était exacte et précise sur toutes sortes de sujets. Un Allemand, qui avait beaucoup voyagé en Abyssinie, fut tout étonné de l'entendre un jour donner sur les différentes espèces de crocodiles et sur leurs mœurs des détails tellement précis, qu'il s'imaginait avoir devant lui un ancien compagnon de voyage.

Heureux ceux qui ont entendu ce dernier des causeurs de la génération du xviii siècle ! C'était un contemporain de Voltaire et de Diderot, d'Helvétius et de Chamfort; ses pensées toujours vives sur les femmes, sur la part qu'il fait aux mères dans les qualités intellectuelles de leurs enfants, ses théories toujours originales et profondes, sur les rapports de la volonté et de l'intelligence, sur l'art et la nature, sur la mort et la vie de l'espèce, ses remarques sur le style vague, empesé, ennuyeux de ceux qui écrivent pour ne rien dire, ou qui mettent un masque et pensent avec les idées d'autrui, ses réflexions piquantes contre les anonymes et les pseudonymes et sur l'établissement d'une censure grammaticale et littéraire pour les journaux qui pratiquent le néologisme, le solécisme et le barbarisme, ses ingénieuses hypothèses pour expliquer les phénomènes magnétiques, le rêve, le somnambulisme, sa haine de tous les excès, son amour de l'ordre et cette horreur de l'obscurantisme, « qui, s'il n'est pas un péché contre le Saint-Esprit, en est un contre l'esprit humain », lui composent une physionomie à part dans ce siècle.

(Foucher de Careil, *Hegel et Schopenhauer*, Paris, 1862, 2º partie, chap. II.)

CHALLEMEL-LACOUR. (1859.)

J'ai eu l'honneur de voir Schopenhauer dans la joie et l'éclat de ses dernières années ; quoiqu'il ne fût pas en général de facile abord, il accueillait volontiers les Français et les Anglais. Je le trouvai dans sa bibliothèque, où j'aperçus en entrant le buste en plâtre de Kant par Hagemann ; lui-même posait en ce moment pour le sien, qu'était en train de modeler une estimable artiste de Berlin, Mlle Ney. Son portrait avait déjà été fait plusieurs fois par Lunteschutz, par Gœbel, et multiplié par la photographie : c'était la consécration de sa récente célébrité. Schopenhauer avait alors soixante et onze ans, les cheveux et la barbe entièrement blancs ; mais c'était un vieillard alerte, avec les yeux et le geste d'un jeune homme. Je fus frappé d'un sillon sarcastique autour de sa bouche. Il n'avait rien de la raideur d'un philosophe de profession. Il me reçut bien, mais sans se lever et sans cesser de caresser de la main, d'une manière presque injurieuse pour les hommes, un bel épagneul noir. Voyant que je le remarquais, il me dit qu'il l'avait appelé *Atma* (Ame du monde, en sanscrit), qu'il aimait les chiens parce qu'il ne trouvait qu'en eux l'intelligence sans la dissimulation humaine. Il me demanda si j'avais lu la critique de Gutzkow sur son dernier ouvrage, ses *Parerga*, qui sont un recueil de fragments ; je fus obligé d'avouer que je n'avais lu ni la critique ni l'ouvrage. Je ne voulus pas prolonger cette visite, et il me donna rendez-vous pour le soir à l'hôtel d'Angleterre, où il prenait ses repas.

J'arrivai vers la fin de son dîner, et je le trouvai assis à table d'hôte, à côté de plusieurs officiers. Je remarquai devant lui, près de son assiette, un louis d'or, qu'il prit en se levant, et qu'il mit dans sa poche. « Voilà vingt francs, me dit-il, que je mets là depuis un mois, avec la résolution de les donner aux pauvres le jour où ces messieurs auraient parlé d'autre chose pendant le dîner que d'avancement, de chevaux et de femmes. Je les ai encore[1]. » Nous allâmes nous asseoir seuls à une table. Je lui dis en souriant que je le savais sévère pour les femmes, et que l'amour me paraissait après tout une des fortes objections à opposer à son pessimisme. Il me répondit avec gravité : « L'amour, c'est l'ennemi. Faites-en, si cela vous convient, un luxe et un passe-temps, traitez-le en artiste; le Génie de l'espèce est un industriel qui ne veut que produire[2]. Il n'a qu'une pensée, pensée positive et sans poésie, c'est la durée du genre humain. Les hommes ne sont mûs ni par des convoitises dépravées, ni par un attrait divin, ils travaillent pour le Génie de l'espèce, sans le savoir, ils sont tout à la fois ses courtiers, ses instruments et ses dupes. Admirez, si vous le voulez, ses procédés; mais n'oubliez pas qu'il ne songe qu'à combler les vides, à réparer les brèches, à maintenir l'équilibre entre les provisions et la dépense, à tenir toujours largement peuplée l'étable où la douleur et la mort viennent recruter leurs victimes. C'est pour cela, c'est en vue de l'espèce, qu'avant de rapprocher les rouages de la machine, ce Génie perfide, qui ne veut pas manquer son œuvre, observe si soigneusement leurs

---

1. L'anecdote n'est pas authentique. Le compositeur Robert de Hornstein, qui a laissé des *Souvenirs* sur Schopenhauer, ayant un jour fait allusion devant lui à ces paroles, Schopenhauer lui répondit : « Je ne débite pas de ces fadaises-là. » (*Solches Zeug rede ich nicht*). C'est un de ces bons mots que l'on prête d'ordinaire à tous ceux que l'on juge capables de les avoir dits.

2. Je me permets de renvoyer ici pour plus de détails à mon livre, *Schopenhauer, l'homme et le philosophe*, à la fin du chap. xxii. La *Métaphysique de l'amour*, qui est une glorification du Génie de l'espèce, a été traduite par M. J. Bourdeau (*Arthur Schopenhauer, Pensées et Fragments*).

propriétés, leurs combinaisons, leurs réactions, leurs
antipathies. Les femmes sont ses complices. Elles ont
accompli une chose merveilleuse lorsqu'elles ont spiri-
tualisé l'amour. Peut-être c'en était fait de lui et du genre
humain; les hommes, fatigués de souffrir, et ne voyant
nul moyen de se dérober jamais, eux ni leurs enfants, aux
misères qui les accablaient et que la culture leur rendait
chaque jour plus sensibles, allaient peut-être prendre
enfin le chemin du salut en renonçant à l'amour. Les
femmes y ont pourvu. C'est alors qu'elles se sont adressées à l'intelligence de l'homme, et que tout ce qu'il y a
de spirituel dans l'organisation féminine, elles l'ont consacré à ce jeu qu'elles appellent l'amour. Peuples de
galantins que vous êtes, dupes innocentes, qui croyez en
cultivant l'esprit des femmes les élever jusqu'à vous, comment n'avez-vous pas encore vu que ces reines de vos
sociétés ont de l'esprit souvent, du génie par accident,
mais de l'intelligence jamais, ou que ce qu'elles en ont
ressemble à l'intelligence de l'homme comme le soleil,
fleur des jardins, ressemble au soleil, roi de la lumière.
Depuis que vous les avez admises à délibérer, elles
ont fait de vous une race de Chrysales, qui a désap-
pris sous leur joug les fortes vertus. Ce sont elles qui
ont le plus contribué à inoculer au monde moderne
le mal qui le ronge. Trop faibles de corps et d'esprit
pour soutenir par la discussion la place qu'elles ont
usurpée, à la fois débiles et tyranniques, il faut bien
pourtant qu'elles aient une arme : le lion a ses griffes
et ses dents, le vautour son bec, l'éléphant ses défenses,
le taureau ses cornes, la sépia, pour tuer l'ennemi ou le
fuir, lâche son encre et trouble l'eau : voilà le véritable
analogue de la femme. Comme la sépia, elle s'enve-
loppe d'un nuage et se met à l'aise dans la dissimulation.
Et maintenant, dressés à leur école, qui d'entre vous
se vantera d'être sincère et peut parler d'indépendance,
sans que toutes les femmes sourient? Vous voyez, beau
défenseur de l'amour, que je ne diminue pas leur part
dans l'œuvre de la civilisation. Tenez, j'ai soixante-dix

ans et plus, et si je me félicite d'une chose, c'est d'avoir éventé à temps le piège de la nature; voilà pourquoi je ne me suis pas marié. Les grandes religions ont toutes vanté la continence, mais elles n'ont pas toujours compris ce qui fait de cette vertu la vertu souveraine. Elles n'y ont vu souvent que le déploiement d'une énergie sans but, le mérite d'obéir à une loi fantasque, de supporter une privation gratuite, ou bien encore elles ont couronné dans le célibat je ne sais quelle pureté incompréhensible et fait ainsi la part trop belle aux économistes et aux saint-simoniens. Le prix de cette vertu, c'est qu'elle mène au salut; préparer la fin du monde et en indiquer le chemin, telle est la suprême utilité des existences ascétiques. A force de prodiges, et d'aumônes, et de consolations, l'apôtre de la charité sauve de la mort quelques familles vouées par ses bienfaits à une longue agonie: l'ascète fait davantage, il sauve de la vie des générations entières. Il donne un exemple qui a failli sauver le monde deux ou trois fois. Les femmes ne l'ont pas voulu, c'est pourquoi je les hais. »

Schopenhauer n'aimait pas la contradiction, et je n'étais pas venu pour argumenter contre lui; mais, quoique j'eusse déjà une idée de sa doctrine, j'étais tenté de prendre cette sortie pour une boutade; peut-être voulait-il s'amuser à essayer sur un étranger l'enchantement satanique de ses sophismes. Cependant il parlait avec calme, en lançant de temps en temps une bouffée de tabac; ses paroles lentes et monotones, qui m'arrivaient à travers le bruit des verres et les éclats de gaieté de nos voisins, me causaient une sorte de malaise, comme si j'eusse senti passer sur moi un souffle glacé à travers la porte du néant. J'osai pourtant, au bout de quelques minutes, déclarer que, quant à moi, la vie me semblait supportable, et que, si le monde allait encore médiocrement, le progrès finirait par l'améliorer, et en atténuerait assez les imperfections pour que l'on pût s'en contenter. « Nous y voilà, répondit-il. Le progrès, c'est là votre chimère; il est le rêve du XIX⁰ siècle, comme la résurrection des morts était celui du X⁰; chaque âge a le sien. Quand, épuisant vos greniers et ceux du passé, vous aurez porté plus haut encore votre entassement de sciences et de richesses, l'homme, en se mesurant à un pareil amas, en sera-t-il moins petit? Misérables parvenus, enrichis de ce que vous n'avez pas gagné, orgueilleux de ce qui ne vous appartient pas, mendiants insolents qui glanez dans le champ des premiers inventeurs et qui pillez leurs ruines, comparez, si vous l'osez, vous qui célébrez vos découvertes avec tant de pompe, l'algèbre avec le langage, l'imprimerie avec l'écriture, votre science avec les simples calculs de ceux qui les premiers regardèrent le ciel, vos *steamers* avec la première barque à laquelle un audacieux mit une voile et un gouvernail. Que sont vos ingénieurs et vos chimistes auprès de ceux qui vous ont donné le feu, la charrue et les métaux? Vous avez fait de tout cela des présents divins, vous avez eu raison. Pourquoi donc êtes-vous si arrogants? Je vois grandir la pyramide que vous n'avez pas commencée et que vous n'achèverez pas; mais le dernier ouvrier qui s'asseoira fièrement sur le faîte sera-t-il plus grand que celui qui en a posé le premier bloc? Racontez-moi pour la millième fois vos ennuyeuses histoires, et si les grandeurs passées ne vous suffisent pas, anticipez l'avenir, ne craignez pas de prophétiser. Variez les changements de scène, multipliez les acteurs, appelez les masses humaines sur le théâtre, inventez, si vous avez l'imagination assez riche, des péripéties. Ces histoires sont comme les drames de Gozzi; les motifs, les incidents changent dans chaque pièce et ne se reproduisent jamais, il est vrai; mais l'esprit de ces incidents est invariable, la catastrophe prévue, les personnages toujours les mêmes. Voici, en dépit de toutes les expériences et de toutes les corrections, Pantalon toujours aussi lourd et aussi avare, Tartaglia toujours aussi fripon, Brighella toujours aussi lâche, Colombine toujours aussi coquette et aussi perfide. Heureusement, ils trouvent un parterre prêt à applaudir la pièce du jour, parce qu'il ne se souvient plus de celle qu'il a vu jouer la veille. Les yeux charmés et la bouche béante, les spectateurs suivent avec ravissement et pleins d'attente le *progrès* des choses jusqu'au dénoûment, dont la monotonie les étonne sans les décourager. »

Il parla encore longtemps sur toute sorte de sujets, et entre autres sur les phénomènes magiques, auxquels il prenait beaucoup d'intérêt. La salle où nous étions s'était vidée peu à peu; le silence s'était fait autour de nous. Beaucoup de ses raisonnements me paraissaient faibles, et j'aurais voulu répondre; mais, soit que la fumée de tabac dont l'atmosphère était imprégnée me portât au cerveau, soit que ses discours bizarres eussent fini par m'étourdir, des vertiges inconnus me gagnaient à mesure que j'essayais de suivre cet étrange raisonneur. Je le quittai fort tard, et il me sembla, longtemps après l'avoir quitté, être ballotté sur une mer houleuse, sillonnée d'horribles courants. Cette conversation, qui avait été plus d'une fois obscure pour moi, demeura profondément gravée dans ma mémoire, et la plupart de ces obscurités se dissipèrent lorsque j'eus étudié de plus près l'ensemble de la doctrine.

(Challemel-Lacour. *Un Bouddhiste contemporain en Allemagne,* dans : *Études et Réflexions d'un pessimiste,* Paris, 1901.)

VISITE D'UN ÉTUDIANT. (1857.)

Le soixante-dixième anniversaire de la naissance de Schopenhauer fut l'occasion d'un mouvement de sympathie parmi ses premiers disciples. Les félicitations lui arrivèrent de toutes parts. Un étudiant de Francfort, nommé Beck, qui fut plus tard membre du Conseil de la ville, lui envoya, sans se nommer, un bouquet accompagné d'une poésie. Son secret fut trahi par le peintre Lunteschütz, et quelques jours après il reçut de Schopenhauer une invitation, à laquelle il s'empressa de se rendre. Il raconte ainsi sa visite :

Ce fut le professeur Daumer, le traducteur de Hafiz, qui appela d'abord mon attention sur Schopenhauer et sur *le Monde comme volonté et comme représentation*; c'était, à son avis, ce qui venait de paraître de plus important dans le domaine de la littérature philosophique. Je commençai à lire cet ouvrage dans mes soirées, et j'en fus tellement captivé, que j'en perdis le sommeil. Je n'avais pas éprouvé depuis ma première jeunesse un tel enchantement. Je m'étais occupé de philosophie, je m'étais familiarisé avec les œuvres de Platon, avec celles de Kant, et j'étais ainsi parfaitement préparé pour comprendre Schopenhauer.

Toutes sortes d'anecdotes couraient sur lui et sur sa personne; on le représentait comme un homme violent et inabordable. Quant à moi, encore tout jeune garçon, et sans savoir qui il était, j'avais été frappé de sa tête caractéristique et du feu de son regard. Il portait en été un habit noir d'une coupe démodée, et en hiver un manteau à plusieurs petits collets, comme on les avait au temps de l'Empire. On secouait la tête et on le suivait du regard, quand on le voyait passer avec sa démarche rapide, s'arrêter un moment en murmurant devant lui des paroles inintelligibles, ou s'entretenir avec le chien qui était son compagnon habituel. On le tenait pour un homme dont la tête n'était pas bien équilibrée, et l'on ne savait trop que faire de lui. Et c'est dans ce personnage énigmatique que je devais reconnaître maintenant l'auteur du livre qui m'enchantait! Je rôdais autour de la maison donnant sur la *Schöne-Aussicht*, dans l'espoir de le voir apparaître un instant à sa fenêtre, et j'enviais presque l'épagneul qui avait le bonheur de vivre constamment auprès de lui. A la fin, je ne pus résister au désir que j'avais de le connaître personnellement. Le 21 février 1857, je composai une petite poésie, que je lui fis remettre le lendemain avec un bouquet, pour le soixante-dixième anniversaire de sa naissance. Je n'osais me nommer, mais le peintre Lunteschütz, à qui je m'étais confié, trahit mon secret, et peu de jours après je reçus par la cuisinière de Schopenhauer une invitation à venir le voir. Le cœur me battait fort, lorsque je franchis le seuil, et je ne fus pas plus rassuré quand une voix de tonnerre me cria : « Entrez! » Me voilà donc en face de mon idole! Je dis mon nom, il me tendit la main, et m'engagea à m'asseoir à côté de lui sur un vieux sopha recouvert en cuir.

« Votre poésie est fort jolie, me dit-il, elle m'a fait grand plaisir, ainsi que votre bouquet, dans cette saison d'hiver, et je vous en fais tous mes remerciements. »

Il dit ces mots sur un ton tellement cordial, que je fus pleinement rassuré.

« Vous vous appelez Beck, continua-t-il. J'ai connu à Weimar une actrice qui portait ce nom, et qui fut décorée de la Légion d'honneur, pour avoir soigné les blessés pendant la campagne de 1813. Elle n'était pas belle, mais elle était excellente comédienne. Était-elle votre parente? »

Je répondis que non, et je lui demandai s'il avait assisté

aux représentations du théâtre de Weimar sous la direction de Gœthe.

« J'ai souvent été à Weimar, reprit-il, et j'y ai vu d'excellentes représentations, mais le décor était souvent fort défectueux. Dans *la Flûte enchantée*, qui, par la beauté du sujet et de la musique, aurait mérité d'être bien montée, on ne voyait, à la place de la riche colonnade qu'on nous montrait à Francfort, que de misérables cabanes groupées autour d'un sphinx colossal, et les Génies, au lieu de paraître comme des messagers ailés, portaient des crinolines comme des cloches. Et les costumes ! Macbeth et Wallenstein portaient le même manteau de pourpre. Gœthe, le premier, insista pour que les personnages parussent avec le costume de l'époque. Les actrices, comme toujours, ne pensaient qu'à attirer les regards des hommes par leurs toilettes. L'une d'elles, une blonde merveilleusement belle, qui avait su charmer Gœthe lui-même, apparut un jour dans le rôle de Mina de Barnhelm avec un petit chapeau fort coquet et à la dernière mode. Gœthe, qui aux répétitions était toujours assis au premier banc pour suivre de près le jeu des acteurs, s'élança tout furieux sur la scène, lui arracha son chapeau, le foula aux pieds, et s'écria : « Vous n'avez « donc pas plus de souci du chef-d'œuvre de Lessing que « de votre damnée coquetterie ! » Gœthe régnait en despote sur son théâtre, il ne laissait passer aucune négligence, aucune fausse interprétation, aucune exagération, et il reprenait souvent la moindre faute avec rudesse. Il faut avouer aussi qu'il eut beaucoup de peine à guérir les acteurs de leur accent de terroir, à les habituer à dire convenablement le vers, à les exercer à la déclamation tragique comme on l'exige actuellement. L'ensemble était toujours parfait au théâtre de Weimar. Les acteurs eux-mêmes ont rendu justice à la direction de Gœthe, malgré le régime sévère qu'il leur imposait. et l'un d'eux, Laroche, que j'ai vu à Francfort, occupe maintenant un des premiers emplois du Grand Théâtre de Vienne. »

Je lui parlai de mes premières études philosophiques ;

je m'étais d'abord attaché à Schelling; je m'étais beaucoup intéressé aux écrits d'Oken et de Steffens sur la philosophie de la nature; ensuite Spinosa m'avait attiré dans son cercle magique; enfin un de mes amis, grand admirateur de Hegel, m'avait engagé à lire les œuvres de ce philosophe.

« Vous auriez mieux fait de les jeter au feu que de perdre votre temps à les lire, s'écria-t-il; ce charlatan a empoisonné toutes les cervelles allemandes avec son maudit grimoire. »

En même temps, ses yeux jetaient des éclairs à faire peur. Mais quand je lui dis que je m'étais retiré aussitôt de cette atmosphère malsaine et que je m'étais rasséréné dans les jardins fleuris du platonisme, que je m'étais enfin adressé à Kant, qui m'avait dessillé les yeux et m'avait fait voir le monde sous un jour nouveau, alors sa physionomie reprit une expression de bienveillance et de douceur.

« Eh oui, dit-il, cet esprit gigantesque balaye devant lui toutes les insanités que ses prétendus successeurs ont eu l'impudence d'offrir au monde comme un complément de sa doctrine. »

« C'est alors, continuai-je, que votre ouvrage m'est tombé entre les mains. J'en fus comme enivré; je ne pus plus m'en détacher; je vécus désormais dans l'abondance des idées nouvelles qui m'étaient présentées dans une langue claire et animée d'un souffle de poésie. Je compris enfin ce que c'était que la *chose en soi* de Kant, cette énigme mystérieuse qui se cache sous les apparences du monde phénoménal. »

Schopenhauer inclina la tête d'un air satisfait. « Vous étiez dès lors bien préparé pour me lire, dit-il. J'ai continué d'élever le monument gigantesque dont Kant a posé les fondements pour l'éternité; je crois aussi avoir éclairé d'une lumière nouvelle les Idées du divin Platon. Ajoutez-y encore les écrits de la sagesse indienne; je vous les recommande expressément, et vous serez en possession de tout ce que je crois nécessaire pour la complète intelligence de ma doctrine. »

Je lui dis que je m'étais occupé quelque temps des mystiques allemands, que j'avais cherché à comprendre les tirades éloquentes, quoique souvent obscures, de Jakob Bœhme, que maître Eckhart, Tauler et *la Théologie allemande* ne m'étaient pas inconnus, que j'avais lu les biographies de Mme Guyon et de Mme Bourignon, enfin que j'avais découvert quelques perles dans *le Pèlerin angélique* d'Angelus Silesius[1].

« Tout cela est très bien, dit-il ; j'ai souvent cité ces écrits, surtout cet excellent livre de *la Théologie allemande* ; mais cela n'empêche que ces messieurs regardent toujours par les lunettes du dogme chrétien. Dans l'Inde, la vue est plus libre. Aussi je vous recommande avant tout de lire attentivement les *Upanishads*, dont vous trouverez dans la bibliothèque de notre ville une traduction latine faite par Anquetil-Duperron[2]. Vous ne verrez chez moi aucune image de saint chrétien, aucun crucifix, et pourtant j'ai aussi mes pénates. J'ai longtemps cherché à me procurer un Bouddha ; enfin le conseiller Krüger a pu acheter pour moi à Paris un Bouddha venant du Thibet. Il était primitivement recouvert de laque noire ; je l'ai fait dorer, et j'ai bien recommandé qu'on ne prenne que de l'or pur, sans regarder à la dépense. »

Il me montra un Bouddha assis, qu'il avait posé sur une console dans un coin de sa chambre. J'eus alors l'occasion de regarder autour de moi. Au-dessus du sopha était pendu un portrait à l'huile de Gœthe. Sur son pupitre était placé un buste de Kant. Beaucoup de portraits garnissaient les murs. Shakespeare, Descartes,

1. Le romantisme a donné un regain de popularité aux mystiques allemands du xiv⁰ et du xvii⁰ siècle. Tauler a même été traduit en français. Le livre anonyme de *la Théologie allemande* a été comparé à *l'Imitation de Jésus-Christ.* Luther le tenait en grande estime, et en a écrit une préface.

2. Les *Upanishads* sont des traités philosophiques rédigés par les Brahmanes, et qui sont considérés comme un complément des Védas ; la traduction latine d'Anquetil-Duperron parut en deux volumes, en 1804. Les citations qu'en fait Schopenhauer sont surtout empruntées à la dissertation placée en tête du premier volume.

Claudius et Kant étaient réunis sur une même feuille. Il
y avait aussi des gravures représentant des animaux, et
dans le nombre je crus reconnaître un Ridinger [1]. Lorsqu'il
vit que je considérais ces gravures avec attention, il me
dit :

« Je possède toute une collection de pièces de ce
genre, mais il faut que je les conserve dans des cartons.
Gœthe avait imaginé pour sa collection un arrangement
très pratique. Il avait fait appliquer aux murs de grands
cadres, dans lesquels son domestique devait chaque jour
glisser des pièces nouvelles, afin que lui-même et ses
invités pussent les considérer bien à loisir. Dans le
domaine de la peinture d'animaux, il y a encore beaucoup
à faire pour un artiste capable. mais il faut qu'il unisse
l'esprit observateur du naturaliste au regard de l'artiste ;
il faut qu'il saisisse avec une entière netteté la physionomie de l'animal, qu'il sache le surprendre dans sa
situation caractéristique, qui ne dure parfois qu'un
instant, et grouper tous ces éléments dans son imagination pour en faire un ensemble vivant. Les Anglais sont
des maîtres en ce genre, de même qu'ils excellent dans la
caricature, qui se rapproche de la grimace des bêtes. »

Un côté de la chambre était garni de daguerréotypes,
qui représentaient Schopenhauer dans des attitudes
diverses.

« Ils ne sont pas réussis, disait-il ; l'auteur était un
gâcheur, aussi je lui ai donné son congé. Celui-ci me
paraît le meilleur : c'est aussi l'avis des personnes qui l'ont
vu. »

Comme je considérais le buste de Kant, il dit : « C'est
un bon ouvrage, et je suis heureux d'avoir près de moi
l'image de l'homme qui a exercé une si grande influence
sur ma vie et sur ma pensée. Je possède encore de lui une
relique d'un prix inestimable. »

Il m'apporta un livre. « C'est un exemplaire de la

---

1. Peintre et graveur, directeur de l'Académie des Beaux-Arts
d'Augsbourg, mort en 1767.

Critique de la raison pratique, dont Kant se servait pour ses cours, et qui porte des notes marginales de sa main. Je ne l'ai qu'à titre de prêt, et je le dois à la complaisance d'un ami, à qui il doit revenir après ma mort. »

Schopenhauer vint ensuite à parler de ses propres ouvrages. Un de ses partisans lui avait écrit qu'il en faisait son livre de chevet, qu'il s'en servait pour son édification matin et soir, comme un pieux chrétien de sa Bible.

« En résumé, ajouta-t-il avec un sourire de satisfaction profonde, mon heure est venue; je l'ai attendue avec résignation et avec confiance, mais maintenant elle est là. Messieurs les professeurs de philosophie ne peuvent plus m'ignorer, m'accabler de leur mépris haineux. On me lit maintenant partout, on me demande mon portrait de tous côtés. Suchsland veut me faire graver sur une même feuille avec Kant. Le conseiller Krüger a demandé mon portrait à Hamel; le portrait est manqué; le jeune homme a du talent, mais il m'a fait ressembler à un maire de village. On me dit que Krüger l'a mal payé; il a eu tort. Une œuvre d'art a son prix en elle-même, ce n'est pas comme une valeur de bourse. Les *Deux Amis* de Meissonier ont été payés très cher, mais c'est une œuvre excellente. Rembrandt ne s'est-il pas fait passer pour mort auprès des riches amateurs de son temps pour hausser le prix de ses tableaux? Nos peintres se plaignent de n'avoir pas de débit, mais ils devraient régler leurs exigences sur la bourse des acheteurs, et puis ils sont très paresseux. Quant à moi, je suis difficile à peindre. J'ai une physionomie trop mobile. Il faut que l'artiste sache rendre l'esprit du modèle. Lunteschütz aussi m'a peint. On considère le portrait comme bon, mais je suis trop idéalisé. N'a-t-il pas voulu me mettre un livre entre les mains? Il travaillait pour un riche propriétaire, qui l'a payé vingt-cinq louis; il en fournit une copie pour vingt louis. Dans ma jeunesse, un portrait se payait couramment dix louis à Dresde; le meilleur peintre n'en demandait même que douze. Maintenant, voici encore

Gœbel qui veut faire mon portrait, et il sera bon, je l'espère. J'ai vu de lui un tableau, qui a été très admiré à la dernière exposition : c'était une vieille paysanne lisant dans son livre de prière. Gœbel est un réaliste, et paraît avoir pris Courbet pour modèle. Courbet est un artiste tout à fait distingué, mais le socialisme de son *Enterrement à Ornans* et de son *Casseur de pierres* me répugne. Il est, du reste, excellent peintre de portraits. »

Je demandai à Schopenhauer s'il ne possédait pas un portrait de lui du temps de sa jeunesse, il m'en montra un de son âge mûr, qui le représentait dans un costume antique. Je lui demandai encore s'il n'en avait pas un du temps où il écrivait ses premiers ouvrages.

« J'en possède un, dit-il avec un air de mystère, mais je ne le montre pas volontiers.

« — Dans ce cas, dis-je, je ne veux pas être indiscret.

« — Je vous le montrerai, dit-il, à vous. »

Il m'apporta un petit portrait très finement peint, et je remarquai qu'il m'observait avec ses grands yeux pour voir mon impression.

« Il y a quelque chose qui vous frappe, dit-il, et je vois bien quoi : ce sont les cheveux roux.

« — Assurément, puisque je ne vous ai jamais vu qu'avec des cheveux blancs.

« — Je n'ai jamais eu des cheveux roux, répliqua-t-il, j'avais des cheveux absolument blonds. Le peintre n'a pu les reproduire que sur un fond rouge, mais ensuite, le portrait étant exposé à une lumière trop vive, la couche supérieure a disparu, et le fond rouge est resté seul. Le portrait passera à la postérité, et, pour éviter toute confusion, j'ai écrit sur le revers, en latin, en allemand, en français, en anglais et en italien, ces mots : je n'ai jamais eu des cheveux roux. »

Il me demanda quels étaient ceux de ses ouvrages que j'avais lus.

« D'abord, répondis-je, *le Monde comme volonté et comme représentation.*

« — Il faut que vous les lisiez tous, dit-il ; il faut que

vous lisiez chaque ligne; je ne me suis jamais répété; j'ai
quelquefois traité une question par ses différents aspects,
et, dans des développements métaphysiques un peu ardus,
j'ai tâché de me faire comprendre par une extrême clarté
de style, et quelquefois par une image. »

Le moment était venu où il avait l'habitude de prendre
son repas de midi à l'hôtel d'Angleterre. Je remarquai
qu'il regardait sa montre, et je compris qu'il était temps
de prendre congé. Il me tendit la main, et je le remerciai
vivement de la permission qu'il m'avait donnée de venir le
voir. J'avais encore bien des choses à lui dire, et je lui
demandai un peu timidement si je pouvais revenir.

« Je vous recevrai volontiers, me répondit-il, mais je
suis souvent occupé le matin. Le mieux serait que vous
vous informiez auprès de ma gouvernante si je suis libre. »

Je le remerciai encore, et, en m'éloignant, je me rap-
pelai la parole de Gœthe dans *Gœtz de Berlichingen* :
« C'est une volupté de voir un grand homme. »

(Eduard Grisebach, *Schopenhauers Gespräche*, Berlin,
1898.)

II

CORRESPONDANCE DE SCHOPENHAUER

BROCKHAUS. UN CRITIQUE ANGLAIS
FRÉDÉRIC OSANN. JEAN-AUGUSTE BECKER
FRAUENSTÆDT. ADAM DE DOSS
OTTO LINDNER. DAVID ASHER

A BROCKHAUS.

Frédéric-Arnold Brockhaus, d'abord libraire à Amsterdam, transféra son établissement, en 1813, à Altenburg en Saxe, puis, en 1818, à Leipzig. Sa principale création et son plus grand succès fut le Conversations-Lexikon. Il contribua beaucoup à réglementer le commerce de librairie et à réprimer la contrefaçon. C'était un esprit libéral, mais aussi un caractère entier, contre lequel Schopenhauer se heurta presque au début de leur correspondance. Il mourut en 1823, laissant deux fils, Frédéric et Henri. Frédéric se retira, et mourut en 1865. Henri resta seul propriétaire de la maison; il fut, de 1842 à 1848, membre de la seconde Chambre saxonne.

Quand Schopenhauer, au mois de mai 1818, ayant terminé le grand ouvrage sur lequel il fondait sa renommée, s'apprêta à partir pour l'Italie, il chercha d'abord un éditeur qui pût le mettre en rapport avec le monde savant. Il menait à Dresde une vie partagée entre les lettres, les arts et les distractions mondaines. Son pessimisme n'était encore qu'en herbe et savait même prendre à l'occasion des formes aimables. Le baron de Biedenfeld, qui l'appréciait beaucoup, malgré les rebuffades qu'il recevait de lui, le recommanda au libraire Brockhaus de Leipzig comme « une tête intéressante, d'une force de volonté et d'une profondeur de pensée qui le mettaient de niveau avec les plus grands esprits du temps ». Brockhaus accepta le manuscrit, et l'impression commença.

Mais autant Schopenhauer était difficile pour lui-même, autant il était exigeant pour les autres. La moindre inexactitude l'irritait. Une épreuve était-elle en retard, il croyait à une infidélité, il craignait une contrefaçon. Les rapports entre l'auteur et l'éditeur s'aigrirent de plus en plus, et, quand Schopenhauer partit pour l'Italie, la rupture était complète.

Le Monde comme volonté et comme représentation parut en 1818. C'était, pour Schopenhauer, la substance de ses idées sur l'homme et sur la nature. Il considérait son système comme définitif, et il n'éprouva jamais le besoin d'y rien changer. Cependant, au cours de ses réflexions et de ses lectures, il fut amené à en développer certaines parties, qui lui semblèrent particulièrement intéressantes pour le public. Alors, oubliant son vieux ressentiment, et songeant sans doute aussi à son avantage comme auteur, il fit une nouvelle tentative auprès de la maison Brockhaus pour la publication d'un second volume et peut-être d'un remaniement du premier.

Dans l'intervalle, il s'était établi à Francfort. Les lettres de Schopenhauer à Brockhaus forment ainsi deux groupes distincts, se rapportant à deux périodes de sa vie, et séparés par un quart de siècle d'expériences et d'études[1].

I

A Frédéric-Arnold Brockhaus.

Dresde, le 28 mars 1818.

Monsieur, Ayant su par M. de Biedenfeld que vous ne seriez pas éloigné de publier un manuscrit de moi, je prends la liberté de vous dire de quoi il s'agit. J'ai l'intention de faire paraître pour la prochaine foire de la Saint-

[1]. *Friedrich Arnold Brockhaus, sein Leben und Wirken, nach Briefen und andern Aufzeichnungen geschildert von seinem Enkel* Heinrich Eduard Brockhaus, 3 vol., Leipzig, 1872-1881; au 2ᵉ volume. — Grisebach, *Schopenhauers Briefe*, Leipzig, 1894.

Michel un ouvrage philosophique, auquel je travaille ici sans relâche depuis quatre ans. Je ne crois pas, comme auteur, avoir à prendre des airs de modestie vis-à-vis d'un éditeur, et, d'un autre côté, on a toujours tort de faire le charlatan. Je vous dirai donc simplement et en toute conscience ce que, à mon avis, il vous importe de savoir. En même temps, je vous demanderai, comme à un homme d'honneur, le secret absolu sur ce que je vais vous communiquer; même le titre de l'ouvrage ne doit être connu que par le catalogue de la foire.

Mon ouvrage est un nouveau système philosophique, nouveau dans toute l'acception du mot; non pas une manière nouvelle de présenter des choses connues, mais une suite d'idées absolument cohérentes, qui ne s'est rencontrée jusqu'ici dans aucune tête humaine. Le livre dans lequel j'ai assumé la lourde tâche de la rendre accessible à d'autres, sera, j'en suis convaincu, un de ceux qui deviennent la source ou l'occasion de cent autres livres. Il y a quatre ans que cette suite d'idées dont je parle existe, quant à l'essentiel, dans ma tête; mais, pour la développer et pour me la rendre tout à fait claire à moi-même, il m'a fallu quatre années entières, pendant lesquelles je n'ai pas eu d'autre occupation que d'élaborer mon système et d'étudier les ouvrages qui pouvaient s'y rapporter. J'ai commencé, il y a un an, à présenter le tout dans une rédaction suivie et intelligible pour tout le monde, et je viens de terminer ce travail. Cette rédaction est aussi éloignée de la redondance ambitieuse et vide qui distingue la nouvelle école philosophique, que du plat bavardage de la période antérieure à Kant. Elle est extrêmement claire et nette, énergique, et, j'ose le dire, non sans beauté : celui-là seul a un style à lui, qui a des pensées à lui.

Mon travail a une très grande valeur pour moi, car j'estime que c'est tout le fruit de mon existence. L'impression que le monde produit sur un esprit personnel est complète à l'âge de trente ans; et la pensée par laquelle cet esprit, une fois son éducation faite, réagit sur l'impression reçue ne l'est pas moins : tout ce qui vient après n'est que développement et variation. Si donc cette pensée est différente de celle qui se répète journellement dans des millions de têtes, si elle est réellement originale, l'ouvrage qui en est la manifestation peut être achevé aussitôt qu'un heureux destin fournit pour cela le loisir nécessaire.

C'est, je crois, ce qui a été le cas pour moi. Si je voulais, en conséquence, proportionner mes exigences à la valeur que j'attribue à mon ouvrage, elles pourraient paraître extraordinaires, exorbitantes. Elles seraient même déjà très fortes, si je prenais seulement pour mesure la valeur que le manuscrit doit avoir pour l'éditeur. Mais je ne ferai ni l'un ni l'autre, ne pouvant naturellement exiger que vous me croyiez sur parole. Je puis, en effet, être dupe de mon amour-propre. Je pars donc de cette idée que mon nom est encore peu connu, et qu'un ouvrage philosophique qui n'a procuré aucune notoriété à son auteur ne peut pas attirer le grand public, quelque célèbre qu'il puisse devenir ensuite. Pour toutes ces raisons je vous ferai les conditions suivantes, qui me paraissent très modérées.

L'ouvrage a pour titre : *le Monde comme volonté et comme représentation*, par Arthur Schopenhauer, avec un appendice sur la philosophie kantienne. Imprimé en grand in-octavo, à raison de trente lignes au plus par page, l'ouvrage fera, d'après un calcul approximatif, quarante feuilles, qui devront être comprises en un seul volume. Vous recevrez sûrement les deux tiers du manuscrit pour le milieu du mois de juin; je ne peux le fournir plus tôt, voulant le mettre moi-même au net, et ayant à y faire encore beaucoup de corrections de style. Le dernier tiers vous sera remis au plus tard au commencement de septembre. Vous vous engagerez à ce que l'impression soit terminée pour la foire de la Saint-Michel, sur bon papier, en grand format, avec des caractères bien nets. Vous promettrez par contrat de n'imprimer que huit cents exemplaires au plus, et vous renoncerez à tous droits sur une seconde édition. Vous promettrez sur votre honneur de faire passer chaque feuille par trois corrections, dont la dernière sera confiée à un vrai savant, agréé par moi, et ayant le manuscrit sous la main. Vous me paierez les honoraires, réellement insignifiants, d'un ducat par feuille d'impression, et cela aussitôt après la livraison du manuscrit, car je partirai immédiatement pour l'Italie : c'est un voyage que je remets depuis deux ans, à cause de ce travail. Enfin vous me remettrez dix exemplaires sur beau papier.

Quant à soumettre le manuscrit à votre examen, je ne le peux pas, soit parce qu'il n'est lisible que pour moi, soit parce que je ne veux pas m'en dessaisir avant d'en avoir pris copie, soit enfin parce que j'en suis encore constamment occupé.

Je vous prie de me répondre très explicitement et sans retard, car, au cas où vous n'accepteriez pas ma proposition, je chargerais quelqu'un de me trouver un éditeur à Leipzig au moment de la foire.

Avec l'assurance de mon entier dévouement,

A. S.

Dresde, le 3 avril 1818.

Je suis très content que vous ayez accepté ma proposition : me voilà délivré de tout souci à ce sujet. J'espère aussi que vous trouverez un jour que vous avez fait une bonne affaire. Je vous prie seulement de toujours vous souvenir que ce qui m'importe le plus dans nos conventions, ce ne sont nullement les honoraires, qui ne sont en rapport ni avec la valeur de l'ouvrage, ni avec le temps et la peine que j'y ai consacrés. Je tiens surtout à ce que les autres conditions, relatives à l'impression, et à la correction, soient exactement remplies. C'est seulement quand je pourrai compter là-dessus que je serai tranquille de l'autre côté des Alpes. J'espère même que, quand vous vous serez convaincu, par l'examen du manuscrit, de la profonde différence qu'il y a entre mon ouvrage et la littérature courante, vous ferez pour la forme extérieure du livre encore plus que je ne vous demandais.

Je voudrais avoir, comme je vous l'ai déjà écrit, un traité formel. Je tiens surtout à savoir que vous renoncez à tous droits sur une seconde édition, que vous tirerez au plus huit cents exemplaires, et que vous vous engagez à être prêt pour la foire de la Saint-Michel. Je désire être complètement rassuré sur tous ces points.

Ayez la bonté de faire en sorte que pour le milieu du mois de juillet deux compositeurs se trouvent prêts : autrement quarante feuilles ne pourraient être imprimées pour la Saint-Michel. Je vous prie aussi de me faire savoir avant cette époque à quelle adresse je dois envoyer le manuscrit.

Au reste, l'ouvrage devra passer par la censure; car, quoiqu'il ne contienne pas une syllabe sur le gouvernement, ni rien qui soit contraire aux bonnes mœurs, que plutôt la morale du quatrième livre s'accorde avec la vraie morale chrétienne, cependant la philosophie qui règne dans tout l'ouvrage se trouve en contradiction tacite avec le dogme judéo-chrétien. Je sais bien que, sur ce point, on est devenu très tolérant envers les philosophes, et que l'on s'est endurci jusqu'à entendre des choses qui auraient fait frémir il y a cinquante ans. D'ailleurs, je n'attaque jamais directement l'Église. J'espère donc pouvoir passer à la censure, quoique je ne sache pas quels sont les principes de ces messieurs et leur manière d'interpréter les choses.

Je ne consentirai jamais à changer quoi que ce soit à cet écrit, qui est pour moi de la dernière importance. Au besoin, on pourrait imprimer à Iéna ou à Mersebourg, mais j'espère qu'on n'en viendra pas là. On sait aussi qu'une interdiction n'est pas un malheur pour un livre. Je suis avec une parfaite considération

> Votre tout dévoué
>
> A. S.

Dresde, le 14 août 1818.

A mon grand étonnement, et à mon déplaisir plus grand encore, voilà de nouveau une semaine de passée, sans que j'aie reçu les épreuves demandées, sans même avoir reçu une réponse de vous, comme je devais m'y attendre.

Si je vous ai écrit, ce n'est pas en vue des honoraires, qui sont si insignifiants, mais pour voir porté devant le public et conservé pour l'avenir un ouvrage longuement médité et laborieusement travaillé, le fruit de longues années et, à vrai dire, de ma vie entière.

Il s'ensuit que vous ne devez pas me considérer et me traiter comme les collaborateurs de votre *Conversations-Lexikon* et autres écrivassiers semblables, avec lesquels je n'ai rien de commun que l'usage de la plume et de l'encre.

Ce que je réclame de vous, ce n'est pas un service ni une faveur, mais l'exécution des clauses formelles d'un traité. Si je vous ai livré mon ouvrage, et si je n'ai pas cherché un autre éditeur, c'est que je comptais, sur la foi de votre parole et de votre signature, que vous rempliriez la première et la plus essentielle des conditions que j'avais posées, c'est-à-dire que l'impression serait terminée à l'époque convenue. Il faut donc que j'insiste encore sur l'exécution du traité. En outre, dans votre dernière lettre, vous me pressez pour que j'envoie ponctuellement le reste de l'ouvrage; mais voilà déjà un mois d'écoulé depuis que vous tenez le manuscrit, et je ne reçois aucune épreuve. En attendant, l'époque de la foire approche, et nous avons quarante feuilles à imprimer.

Je regrette d'être obligé de vous parler si tôt sur un ton menaçant et comminatoire; mais comme je remplis tous mes engagements avec la plus grande exactitude, je demande que les autres en fassent autant, sans quoi il est impossible de s'entendre. Vous n'avez donc, dans notre désaccord, qu'à vous en prendre à vous-même. Veuillez me répondre immédiatement et me rendre compte de ce retard dans l'impression, qui m'est désagréable surtout à cause de mon voyage.

Votre dévoué

A. S.

Dresde, le 31 août 1818.

L'imprimeur d'Altenbourg n'a rien envoyé. Nous voici à la fin du mois d'août. En sept semaines on a imprimé quatre feuilles. Il est évident que, pour vous, parler et agir, promettre et tenir, sont choses très différentes. Le peu qui est imprimé a, contrairement à une clause formelle du traité, trente-cinq lignes par page. Non seulement vous n'avez pas respecté le traité, mais vous vous êtes moqué de moi par des promesses et des assurances perpétuelles, ce qui me fâche doublement. Vous m'avez bien recommandé de tenir prêt le reste du manuscrit pour le commencement de septembre, parce que sans cela l'ouvrage ne pourrait pas être terminé pour la foire; j'ai donc travaillé comme un copiste affamé, et je vois maintenant que cela ne m'a servi à rien. Vous savez combien je tiens à ce que ce livre paraisse, et vous pouvez en conclure de quels sentiments je suis animé pour vous. Avec quelle confiance puis-je maintenant partir pour l'Italie? Tout est prêt pour mon départ; rien ne me retient, si ce n'est vous, car pour moi mon ouvrage passe avant ma personne. Rien n'est plus terrible que d'avoir à faire à des gens dont la parole ne mérite aucune confiance. Je ne sais où j'en suis, et je ne le saurai jamais, quoi que vous puissiez m'écrire, car comment croire à ce que vous dites? Je veux maintenant tenir mes honoraires, principalement comme une preuve que vous pensez sérieusement à l'impression, et ensuite parce qu'il faut que je fasse rentrer tous mes fonds pour mon voyage.

Quoique les honoraires ne montent pas à la dixième partie de ce qui conviendrait, je dois craindre, d'après vos agissements précédents, que vous n'en différiez le règlement. Ce qui me confirme dans ce soupçon, c'est votre silence, toutes les fois que je touche à cet article, et c'est aussi ce que j'entends dire de différents côtés sur l'habitude que vous avez de différer le paiement des honoraires et même de vous y soustraire.

Ce que j'ai à vous réclamer, d'après ma propre estimation, c'est si peu, qu'il ne vaut pas la peine d'en parler. Mais je vous demande mes honoraires comme on se fait payer un thaler par un *vetturino*, pour être sûr qu'il marchera; c'est aussi parce que j'ai un voyage en perspective. Vous ne pouvez pas m'en vouloir, si je ne veux pas plus longtemps me laisser payer de bonnes paroles. Je vous prie donc de m'envoyer les honoraires de quarante feuilles au moins; car, comme je vois que mon second envoi de manuscrit aura la même importance que le premier, il est certain que, même avec une impression plus serrée, nous aurons plus de quarante feuilles. Il serait juste que vous me payiez aussi les feuilles qui dépassent le nombre de quarante, mais, quant à cela, je m'en rapporte à vous.

Si vous ne voulez pas me payer les honoraires d'avance, j'enverrai le manuscrit à une personne de Leipzig, qui vous le remettra contre paiement; il faudra, dans ce cas, que je lui envoie le traité, afin que, si vous différez davantage l'impression, elle puisse vous y contraindre judiciairement. Il n'y a plus, par le ciel, d'autre moyen à employer. Cependant, pour ne pas en venir, si c'est possible, à des procédés notoirement hostiles, je vous ferai une dernière proposition, plus conciliante que vous ne le méritez. Je consens à vous envoyer dans la huitaine le reste du manuscrit, si dans votre prochaine lettre vous me donnez votre parole d'honneur de me payer, aussitôt après réception, les honoraires de quarante feuilles, et si vous voulez me dire, avec toute la sincérité dont vous êtes capable, quand l'impression sera terminée.

Si vous vous dérobez à cette dernière proposition, il ne me restera, comme je l'ai dit, qu'à charger une personne de Leipzig de faire les instances nécessaires. Vous n'avez qu'à vous en prendre à vous, si, comme vous voyez, ma patience est à bout.

A. S.

Brockhaus répond, courrier par courrier, en réfutant l'un après l'autre tous les griefs articulés par Schopenhauer, et en montrant, sur le ton le plus calme, qu'il a tout fait pour hâter l'impression et pour satisfaire à ses engagements. Il espère que, sur certains points du moins, l'irascible philosophe lui fera amende honorable; mais il le somme formellement, s'il veut passer pour un homme d'honneur, de lui citer un seul auteur à qui ses honoraires n'auraient pas été servis ponctuellement par la maison Brockhaus.

Schopenhauer garde le silence. Seulement, trois semaines après, dans un court billet du 22 septembre, sans revenir sur ce qu'il a écrit, il demande qu'on lui donne un autre correcteur.

Là-dessus, Brockhaus, à son tour, perd patience, et il écrit (le 24 septembre) :

« Monsieur, je m'étais attendu, avant tout, dans votre lettre du 22, à trouver une preuve des allégations injurieuses contenues dans votre lettre précédente, ou une rétractation. N'y trouvant ni l'une ni l'autre, et ne pouvant donc plus vous tenir désormais pour un homme d'honneur, je dois interrompre toute correspondance avec vous, et je refuserai, à la simple inspection de l'adresse, vos lettres, qui, dans leur divine rusticité, semblent plutôt être d'un vetturino que d'un philosophe. Quant à ce que j'aurai à faire, je le saurai moi-même, sans qu'il soit nécessaire de me le rappeler, surtout dans les formes grossières qui sont les vôtres, lesquelles ne peuvent produire que l'effet opposé. J'espère du moins que ma crainte de n'avoir imprimé que de la maculature ne se réalisera pas. »

Sa crainte n'était que trop justifiée. Le Monde comme volonté et comme représentation *parut* en un assez gros volume dans les derniers jours de l'année 1818. L'impression fut retardée par le manque d'ouvriers typographes, et, lors même que le livre aurait été prêt pour la foire d'automne, il n'aurait pu vaincre l'indifférence du monde savant. Quant au grand public, le nom de Schopenhauer lui était complètement inconnu.

Au mois de mai 1835, Schopenhauer s'informe de l'état de la vente. Brockhaus lui répond que la vente est nulle, qu'il ne garde qu'un petit nombre d'exemplaires, et que,

« quant au reste, pour l'utiliser en quelque manière, il le fait passer en maculature ».

Néanmoins, en 1843, voulant ajouter à son ouvrage un volume de suppléments, et ne sachant où porter son manuscrit, Schopenhauer s'adresse encore à la librairie Brockhaus, alors dirigée par les deux fils de Frédéric Arnold, et la correspondance reprend sur un ton plus conciliant.

II

A la librairie Brockhaus, à Leipzig.

Francfort, le 7 mai 1843.

Monsieur, Vous trouverez tout naturel que je m'adresse à vous pour la publication du second volume du *Monde comme volonté et comme représentation*, que je viens de terminer. Mais peut-être vous étonnerez-vous que je fasse paraître ce volume vingt-quatre ans après le premier. La raison en est bien simple : c'est que le livre n'a pu être fini plus tôt, quoique je n'aie jamais cessé d'en poursuivre les études préparatoires. Ce qui doit durer se forme lentement. La rédaction définitive a été l'œuvre des quatre dernières années ; je l'ai entreprise parce que je voyais qu'il était temps de conclure. Je viens, en effet, d'achever ma cinquante-cinquième année ; j'arrive à un âge où la vie commence à devenir plus incertaine, et où, si elle se prolonge, les facultés perdent leur énergie.

Ce second volume a de grands avantages sur le premier ; c'est comme un tableau, comparé à une esquisse. Il a, de plus que l'autre, une profondeur de pensée et une richesse de connaissance qui ne peuvent être que le fruit d'une vie toute consacrée à la réflexion et à l'étude. C'est, en tout cas, ce que j'ai écrit de mieux. Même le premier volume n'apparaîtra dans toute son importance que par le second. Je puis parler aujourd'hui plus librement que je ne le pouvais il y a vingt-quatre ans ; l'époque est plus favorable, et le progrès des ans, une entière indépendance, enfin ma rupture définitive avec les universités, donnent de l'autorité à ma parole.

J'estime que ce volume aura à peu près la même dimension que le premier; il comprend cinquante chapitres, partagés en quatre livres, qui répondent aux quatre livres du premier et leur servent de suppléments. Maintenant, mon plus vif désir serait que vous consentiez à réimprimer en même temps le premier volume. Nous aurions ainsi une seconde édition en deux volumes, augmentée du double, et cet ouvrage, dont la valeur et l'importance n'ont été reconnues jusqu'ici que par des voix isolées, se présenterait devant le public sous une forme nouvelle et plus digne. Diverses causes me font espérer le succès : on commence à reconnaître le vide des fantasmagories qui s'étalent du haut des chaires universitaires; d'un autre côté, la décadence de la foi religieuse fait sentir, plus que jamais le besoin d'une philosophie. Malheureusement, nos philosophes n'ont en vue que leur intérêt personnel. Il semble donc que, sous tous les rapports, l'achèvement de mon ouvrage ne pouvait arriver plus à propos.

On ne sera pas toujours injuste envers moi. Si vous considériez bien l'histoire littéraire, vous verriez que toutes les œuvres solides et faites pour durer ont d'abord été négligées. Le faux et le mauvais s'étalent brutalement devant le monde; le bon et le vrai, qui d'abord ne trouvent point leur place, sont obligés de lutter pour se frayer un chemin, jusqu'à ce qu'enfin ils arrivent à la lumière. Mon jour viendra, il faut qu'il vienne, et il sera d'autant plus éclatant qu'il se fera attendre davantage.

Il s'agit actuellement de mettre au monde une œuvre dont la valeur est si grande, que moi-même, qui suis dans la coulisse, je rougirais d'en parler devant l'éditeur. Vous auriez sans doute de la peine à me croire, mais je puis du moins vous montrer que c'est la chose en elle-même qui me tient à cœur, et que je n'y apporte aucune arrière-pensée personnelle. Si vous vous décidez pour

une seconde édition, je vous laisse absolument libre de
me servir ou de ne pas me servir d'honoraires. Il est vrai
que, dans le dernier cas, vous prendriez pour rien le travail de ma vie entière; mais aussi ce n'est pas pour de
l'argent que je l'ai entrepris et que j'y ai persévéré
jusque dans la vieillesse. Je sais que l'impression d'un
livre de cette étendue exige des frais qui ne se retrouvent
qu'après des années. Ce que vous m'avez dit de la fai-
blesse de la vente et des exemplaires que vous avez dû
annuler, m'a causé un vif regret, quoique je sache que
ce n'est pas le livre, mais l'incapacité du public et les
menées perfides des professeurs qu'il en faut accuser.
Je ne veux en aucune façon vous léser dans vos intérêts,
quelque riche que vous soyez; c'est pour cela que je vous
pose les conditions les meilleures possible. J'ai déjà
acquis un petit public pour mes écrits; ce sera un jour
un très grand public, et mon livre aura de nombreuses
éditions que je ne verrai pas.

J'avance dans la revision du second volume, qui sera
prêt pour l'impression dans un mois. Pendant que ce
volume s'imprimera, je ferai quelques changements peu
considérables au premier. Ce n'est que dans la critique
de la philosophie kantienne, qui forme appendice, que
ces changements seraient peut-être plus importants et
exigeraient une feuille de plus.

J'attends votre décision et suis, avec une parfaite
considération,

Votre dévoué

A. S.

Francfort, le 17 mai 1843.

Monsieur, Votre honorée lettre m'apporte une réponse
négative, qui est pour moi aussi inattendue que découra-
geante[1]. Je ne puis que repousser énergiquement la pro-

---

1. Brockhaus avait consenti à faire une édition des deux volumes à
condition que Schopenhauer prît à sa charge au moins la moitié
des frais.

position que vous me faites, sans doute à bonne intention. J'étais bien disposé à faire au public un cadeau, et un cadeau précieux. Mais de payer encore pour cela, non, je ne le ferai pas. C'est comme si quelqu'un, à qui j'aurais annoncé une bonne nouvelle, me demandait encore de payer le port de ma lettre. Si notre décadence est réellement si complète, que le non-sens hégélien trouve de nombreuses éditions et que le public ait de quoi rétribuer à chaque foire le radotage de cent têtes vulgaires, tandis qu'un éditeur ne veut pas faire les frais d'impression d'un livre de moi, l'ouvrage de ma vie entière, eh bien! ce livre restera là, et paraîtra un jour comme œuvre posthume, quand sera venue la génération qui accueillera chaque ligne de moi avec empressement; et elle viendra.

En attendant, tout n'est pas dit, et je suis décidé à ne négliger aucun moyen qui soit digne de moi pour produire au jour une œuvre que j'ai caressée et choyée avec une telle ardeur. Je vous offre donc maintenant le second volume seul, sans le premier et sans honoraires, quoique j'eusse désiré tout autre chose. Il est impossible qu'un mot sur la valeur de cette œuvre ne soit venu de temps en temps à vos oreilles, et vous pouvez bien calculer que les possesseurs du premier volume vous achèteront à eux seuls assez d'exemplaires pour couvrir les frais du second. Ce second volume, dans lequel se trouve concentré tout ce que j'ai pensé et écrit pendant vingt-quatre ans, se compose de cinquante chapitres indépendants l'un de l'autre, traitant chacun un sujet différent, dans une langue exempte de toute pédanterie d'école, claire, vive, pittoresque, même populaire. Il offre en lui-même une lecture intéressante, et il fera désirer la lecture du premier, sur lequel il se fonde, et dont par conséquent il rendra une autre édition nécessaire. Si vous étiez ici, je vous ferais lire, par exemple, le long chapitre sur la métaphysique de l'amour, qui ramène cette passion à ses plus profondes origines, et je gage que vous reviendriez de vos hésitations. Si maintenant vous rejetez encore cette proposition, eh bien! il ne me restera plus qu'à chercher un éditeur, n'importe où et n'importe comment, et je ne désespérerais nullement d'en trouver un, si je ne prévoyais que chacun me demandera d'abord pourquoi vous, mon éditeur naturel, vous avez refusé mon manuscrit. C'est ce qui me rendra toute démarche difficile. Si vous ne connaissez dans votre entourage aucun savant ayant assez de savoir, d'intelligence et d'impartialité pour vous faire juger de la valeur de mon ouvrage, eh bien! lisez ce qu'en dit Jean-Paul, ou voyez quel rang Rosenkranz m'assigne parmi les grands philosophes du siècle dans son *Histoire de la philosophie kantienne* [1].

» La difficulté de trouver un éditeur peut bien m'affliger, mais non diminuer l'opinion que j'ai de mon travail. Même chose, et pis encore, est arrivé au grand Hume; son *Histoire d'Angleterre*, dont aujourd'hui, après quatre-vingts ans, il paraît encore tous les jours des éditions et des traductions nouvelles, s'est vendue la première année, comme il nous l'apprend lui-même, à raison de quarante-cinq exemplaires. J'ai lu cet hiver, dans votre *Conversations-Blatt*, que le libraire Gœschen se plaignait de ce que l'*Iphigénie* et l'*Egmont* de Gœthe se vendaient si mal, et *Wilhelm Meister* pas du tout. Mais voilà le journal *la Locomotive* qui débite journellement huit mille exemplaires. Cela montre la différence entre la vente et la valeur d'une chose.

Après cela, je ne vous fais aucun reproche; vous parlez de votre point de vue, et moi du mien, et il est certain que ce n'est pas la postérité qui vous fera vivre. Je vous prie donc de me faire connaître encore une fois votre décision, et je suis, avec une parfaite considération,

Votre dévoué   A. S.

1. Jean-Paul, dans sa *Kleine Bücherschau* de 1825, citait l'ouvrage de Schopenhauer parmi ceux qui n'avaient pas eu le succès qu'ils méritaient. — Rosenkranz, professeur à Halle et plus tard à Kœnigsberg, écrivain très fécond, appliqua l'hégélianisme à tous les domaines de la littérature. Il a publié une vie de Hegel, une vie de Diderot et deux volumes sur Gœthe. Ce qu'il a fait de plus utile, c'est une édition des œuvres de Kant en commun avec Fr. W. Schubert. L'édition est accompagnée d'une *Histoire de la philosophie kantienne.*

Francfort, le 14 juin 1843.

Monsieur, Je vous avoue sincèrement que la lettre par laquelle vous me faites part de votre nouvelle résolution m'a causé une grande joie[1]; mais, sincèrement aussi, je suis convaincu que vous faites une très bonne affaire, et que le jour viendra où vous rirez vous-même de vos hésitations. Ce qui est sérieux et vrai se fait jour lentement, mais sûrement, et se maintient ensuite. La grande bulle de savon de la philosophie Fichte-Schelling-Hégélienne est en train de crever. D'un autre côté, le besoin de philosophie est plus grand que jamais. Mais ce qu'on demande, c'est une nourriture solide, et on ne peut la trouver que chez moi, l'homme méconnu, parce que je suis le seul qui n'obéisse à aucun autre mobile qu'à sa mission intérieure.

Nous sommes donc d'accord quant à l'essentiel. Il est cependant nécessaire de dresser un contrat, à cause de quelques points accessoires, pour lesquels je vous ferai immédiatement mes propositions, qui sont tellement équitables et naturelles, que je ne doute pas de votre approbation. D'abord, quant à votre idée de ne faire qu'un volume, je vous ferai, dans votre intérêt comme dans le mien, quelques objections qui vous convaincront, je l'espère. La publication serait retardée ainsi de deux à trois mois, car, comme je vous l'ai dit dans ma première lettre, j'ai à faire quelques corrections au premier volume, surtout dans la Critique de la philosophie kantienne. Cela demandera du temps, car je travaille *con amore*, c'est-à-dire lentement; j'ai pour principe de n'écrire que pendant les trois premières heures de la matinée, quand la tête a toute sa clarté et son énergie. Je voudrais entreprendre ce travail, et en même temps écrire la préface, pendant l'impression du second volume. De plus, le tout en un volume ferait un trop gros livre d'un maniement incommode; ou bien il

____

1. Brockhaus, après avoir fait attendre près d'un mois sa réponse, avait fini par offrir à Schopenhauer de faire les frais d'une édition complète de l'ouvrage, mais sans payer aucun droit d'auteur.

faudrait prendre un trop petit caractère, qui serait une fatigue pour les yeux, et qui effraierait les vieilles personnes. En fin de compte, il y a une matière suffisante pour deux volumes. Au reste, pour la partie typographique, je m'en rapporte à vous. Je ne désire nullement une belle impression sur papier de luxe, ce qui augmenterait le prix ; nous ne devons penser qu'à vendre le livre à bon marché, pour lui donner la plus grande publicité.

Quant à la teneur du contrat, je vous proposerai les conditions suivantes, qui me paraissent équitables :

1° Je vous cède le droit exclusif d'imprimer le second volume et de réimprimer le premier, sans honoraires.

2° Vous promettez, de votre côté, que l'impression commencera immédiatement et sera terminée pour la foire de Pâques.

3° Il sera tiré cinq cents exemplaires du premier volume et sept cent cinquante du second. Comme je ne touche pas d'honoraires, vous serez amplement couvert de vos frais par la vente de ces volumes, et il me restera à moi l'espoir de voir encore une troisième édition[1].

4° Vous renoncez à tous droits sur la troisième édition, et, après l'épuisement de l'édition actuelle, l'ouvrage redeviendra ma propriété.

5° Vous promettez de m'envoyer chaque feuille en troisième correction, et de ne jamais tirer avant que j'aie donné le bon à tirer. Ce point me tient fort à cœur, et je suis heureux de voir que vous y tenez autant que moi. Je corrige très exactement, et je n'ai pas encore pris mon parti des fautes d'impression de la première édition.

6° Vous promettez de n'ajouter à vos annonces aucun commentaire élogieux : cela m'est très antipathique.

Si, comme je l'espère, nous sommes d'accord sur tous ces points, je vous prie de faire dresser le contrat en

---

1. Schopenhauer put encore voir cette troisième édition, en 1859, un an avant sa mort, quand le succès inattendu des *Parerga* eut ramené l'attention sur ses ouvrages précédents.

double exemplaire et de me les présenter aussitôt à la signature.

Je suis, avec une parfaite considération,
Votre dévoué

A. S.

A mon compositeur.

« Mon cher compositeur, Nous nous comportons l'un envers l'autre comme le corps et l'âme; il faut donc que, comme eux, nous nous soutenions l'un l'autre, afin qu'il en résulte une œuvre « en qui le Seigneur (Brockhaus) puisse mettre sa complaisance ». J'ai fait pour cela ce qui me concernait; à chaque ligne, à chaque mot, à chaque lettre, j'ai pensé à vous, je me suis demandé si vous pourriez me lire. Maintenant, c'est à vous de faire ce qui vous concerne. Mon écriture n'est pas belle, mais elle est très nette, et les lettres sont grandes. Les nombreux remaniements, le travail incessant de la lime, ont amené des corrections, des mots intercalés. Mais tout est bien indiqué, et chaque mot intercalé est marqué d'un signe, de manière que vous ne puissiez pas vous y tromper. Il faut seulement que vous soyez très attentif, et qu'à chaque signe vous cherchiez le signe correspondant en marge, étant convaincu que tout est parfaitement juste. Considérez bien mon orthographe et ma ponctuation, et ne croyez jamais vous y entendre mieux que moi : vous êtes le corps, et je suis l'âme[1]. »

A. S.

---

1. Suivent des recommandations spéciales pour l'orthographe et la ponctuation.

A UN CRITIQUE ANGLAIS

AUTEUR D'UN ARTICLE
SUR L'« HISTOIRE DE LA PHILOSOPHIE EN FRANCE »
DE DAMIRON.

Berlin, le 21 décembre 1829.

Monsieur, Je suis pour vous un étranger, j'ignore même votre nom ; je prends cependant la liberté de vous écrire. Mais c'est un intérêt purement littéraire qui me fait prendre la plume, et cela doit me servir d'excuse. Ce qui m'a déterminé, c'est votre très remarquable analyse de l'*Histoire de la philosophie en France* de Damiron, dans la *Foreign Review* de juillet 1829, où, parlant de la *Critique de la raison pure* de Kant, vous dites : « Nous nous rendons compte de la difficulté que présente l'original, avec sa terminologie toute particulière, et nous serions heureux, surtout dans le moment actuel, de voir paraître une traduction de cet ouvrage et des autres ouvrages importants de Kant. »

Le vœu que vous exprimez relativement à l'introduction de la philosophie de Kant en Angleterre me ravit d'autant plus, que je nourris moi-même cette pensée depuis de longues années. Les ouvrages sublimes de Kant ne sont certainement pas faits pour un seul siècle et pour un seul pays ; ils se répandront un jour sur toute l'Europe. Mais c'est surtout en Angleterre, qu'à mon avis ils doivent avoir du succès ; peut-être même auront-ils là une influence plus considérable que dans leur pays d'origine. En

Allemagne, ils ont d'abord été complètement négligés
pendant une série d'années; ensuite ils furent universellement admirés; enfin l'attention du public s'en détourna,
et se porta sur un objet très indigne, sur la philosophie
absurde de Fichte. Celui-ci est partout considéré comme
un philosophe, et quelques-uns, sur la foi d'autrui, osent
même le comparer à Kant. Cependant personne ne lit
plus les ouvrages philosophiques de Fichte, et ils n'ont
jamais été réimprimés. Schelling a pris sa place, Schelling
dont les extravagances et les absurdités se rachètent
pourtant par quelques heureuses qualités. Mais les
œuvres de Schelling lui-même ne se lisent plus, comme
le prouve l'édition complète, qui n'a jamais dépassé le
premier volume, paru en 1809. Je ne mentionnerai pas les
nombreuses publications, bizarres et folles, qu'ont pro-
voquées les ouvrages de Kant, comme « le roi Soleil
engendre des larves lorsqu'il baise un chien mort[1] ». La
philosophie allemande a dégénéré peu à peu et à tel
point, que nous voyons aujourd'hui un pur fanfaron, un
vrai charlatan, sans l'ombre d'un mérite, je veux parler
de Hegel, avec un assemblage de phrases creuses et
d'assertions frisant la folie, mener par le bout du nez une
partie du public allemand, la plus sotte, il est vrai, et la
plus ignorante; il a réussi néanmoins, par ses relations
personnelles, à acquérir le nom d'un philosophe. La
partie éclairée du public lettré le prend pour ce qu'il est;
elle ne connaît et n'estime d'autre philosophe que Kant;
celui-ci seul est universellement lu à l'heure actuelle,
comme le prouve la septième édition de la *Critique de la
raison pure*, qui a paru l'année dernière, quarante-huit
ans après la première édition, tandis que ses successeurs
n'ont joui que passagèrement de la faveur publique[2].

1. Shakespeare, *Hamlet*, acte II, scène II.
2. Schopenhauer oublie volontiers qu'au moment où il écrivait ces
lignes, *le Monde comme volonté et comme représentation*, qui avait paru
en 1818, attendait encore sa seconde édition; il devait l'attendre
jusqu'en 1844.

Mon expérience m'a démontré la vérité de cette opinion de Bacon, que dans les climats chauds le peuple a généralement l'intelligence plus vive que dans les climats froids, mais que les grands génies des climats froids surpassent de beaucoup les esprits les plus éminents des régions chaudes. L'Allemagne a produit, dans le siècle dernier, deux hommes de tout premier ordre, Kant et Gœthe; mais le gros de la nation a l'intelligence extrêmement épaisse, et son instruction fait seulement ressortir davantage son manque de jugement. C'est donc à tort qu'on juge de l'esprit d'une nation par ses grands hommes, c'est-à-dire de la règle par l'exception. Je crois, sans flatterie, que la nation anglaise est la plus intelligente de l'Europe; aussi nous trouvons que le climat de l'Angleterre ne connaît ni le froid glacial, ni la chaleur desséchante du nôtre; il est vraiment tempéré.

Je suis donc d'avis que l'introduction des œuvres de Kant en Angleterre serait une gloire pour Kant lui-même, et ferait faire des progrès à l'Angleterre. Ces ouvrages exerceraient certainement une influence profonde, d'abord sur la classe lettrée, ensuite, à la longue et par son intermédiaire, sur la nation entière. J'ai très souvent affirmé que si Kant avait écrit en anglais ou en latin, jamais le Parlement n'aurait disputé pendant quatre ans sur l'émancipation des catholiques, et jamais la populace irlandaise n'aurait pris les armes pour cette cause.

Étant persuadé que le passage ci-dessus mentionné est l'expression de votre vrai sentiment, et que par conséquent vous partagez mon désir de voir les œuvres de Kant transplantées en Angleterre, je viens vous faire une proposition pour mettre ce projet à exécution, désirant que, de votre côté, vous me facilitiez le moyen de trouver un éditeur. Car c'est moi-même que je vais proposer comme traducteur, croyant, comme je le montrerai tout à l'heure en détail, que, tout bien considéré, il se trouvera difficilement un homme plus propre à cette tâche que moi. Mais je n'ai aucune relation littéraire en Angleterre, et j'espère que vous, monsieur, vous ne craindrez pas de vous donner quelque peine pour faire aboutir une entreprise pour laquelle vous témoignez un si vif intérêt.

Pour cela, il est nécessaire que je vous entretienne un peu de ma propre personne, car je ne puis supposer que ma réputation littéraire soit arrivée jusqu'à vous. Mais comme vous n'avez aucune raison de me croire sur parole, je dois me borner, autant que possible, au genre de références que vous pouvez contrôler par vous-même.

Je suis Allemand, et je suis depuis dix ans professeur de logique et de métaphysique à l'université de cette ville, comme vous pouvez vous en assurer par le *Catalogus lectionum* inséré chaque année à Pâques et en automne dans tous les journaux littéraires de l'Allemagne. J'ai quarante-deux ans, et j'ai consacré ma vie entière à des études métaphysiques. Après avoir lu les principaux philosophes, chacun dans son texte original, je me suis attaché particulièrement à Kant, que je préfère sans hésitation à tous les autres. C'est sur son système que j'ai greffé le mien, que j'ai formulé dans un ouvrage intitulé *le Monde comme volonté et comme représentation*, qui a paru en 1819[1]. J'y ai joint un appendice contenant une *Critique de la philosophie de Kant*, que vous trouverez citée dans tous les livres récents sur le kantisme ou sur la philosophie allemande en général, comme, par exemple, dans les dernières éditions de l'*Histoire abrégée de la métaphysique* de Tennemann (1830), dans l'*Histoire de la métaphysique* de Reinhold, au second volume (1830), et dans d'autres semblables. Un estimable théologien, Baumgarten-Crusius, dans son ouvrage récent sur la *Morale chrétienne*, où il donne une courte analyse de la philosophie de Kant, parmi tous les écrits sur cette philosophie (vous remarquerez qu'il n'y en a pas moins d'un millier), n'en recommande que deux à ses lecteurs : les *Lettres* de Reinhold sur la philosophie de Kant, de 1790, et ma *Critique* que je viens de citer, et qui est de 1819[2].

1. Il serait plus exact de dire dans l'automne de 1818.

2. Sur les *Lettres* de Karl Reinhold, voir les Conversations avec Frauenstædt, page 29. L'*Histoire de la philosophie* dont parle Scho-

Mon propre système n'a pas attiré l'attention générale autant que je l'espérais et que je l'espère encore, et comme vous êtes sans doute disposé à croire que mon opinion n'est partagée par personne, je suis obligé de rappeler que notre célèbre humoriste Jean-Paul, dans son tout dernier ouvrage, *Petite revue des livres* (1825), citant quelques livres qui, dans les vingt dernières années, n'ont pas obtenu l'approbation générale qu'ils méritaient, parle du mien, qu'il appelle, modestie d'auteur à part, « une œuvre d'un grand génie philosophique, d'un contenu original et varié, plein de pénétration et de profondeur ». Comme on peut se procurer tous les livres allemands à Londres, vous pourrez vérifier ou faire vérifier cette citation. A mon avis, la louange d'un homme de génie compense pleinement la négligence d'une multitude ignorante. Finalement, si vous préférez faire directement connaissance avec moi, même dans un ouvrage latin, il y a un traité de moi, *Theoria colorum physiologica*, dans le recueil des *Scriptores ophthalmologici minores* de Justus Radius, au troisième volume.

Quant à ma connaissance de la langue anglaise, je la dois à ce que j'ai fait en partie ma première éducation en Angleterre. J'ai même été pendant quelque temps pensionnaire chez le Révérend Lancasters à Wimbledon, en 1803; ensuite j'ai continué de lire beaucoup d'anglais; enfin j'ai beaucoup vécu en compagnie d'Anglais sur le continent. Mon accent anglais est tel, que des Anglais m'ont souvent pris au premier contact pour un de leurs compatriotes, bien que je doive confesser qu'une demi-heure de conversation suffisait ordinairement à les détromper.

Il est certain que des livres anglais doivent être écrits par des Anglais, mais le cas présent est d'une nature particulière. Ici, la plus grande difficulté est de comprendre le texte, plutôt que de le rendre. Quoiqu'il existe un

penhauer est d'Ernest Reinhold, fils de Karl, et professeur à l'université d'Iéna.

petit nombre d'Anglais sachant bien l'allemand, cependant je doute fort que tel ou tel d'entre eux le possède suffisamment pour comprendre parfaitement et sans risque d'erreur le sens simplement littéral des écrits de Kant; et lors même que le sens littéral lui serait acquis, il serait encore loin de pouvoir passer pour un traducteur de Kant. Il lui arriverait souvent d'être incorrect; il lui échapperait ou des non-sens complets, ou des faux sens de son invention. Pour traduire Kant, il faut absolument avoir scruté sa pensée jusqu'au fond, être pénétré et imbu de sa doctrine, et ceci est impossible à qui n'a pas consacré de longues années à l'étude de sa philosophie. Il est généralement reconnu que, même en Allemagne, Kant n'est pas toujours parfaitement compris; on ne saisit pas sa pensée à une première lecture; ce n'est que peu à peu et par une étude assidue qu'on entre dans le cours de ses idées et qu'on pénètre le sens de ses propositions. Ses méditations sont les plus profondes qui soient jamais entrées dans la tête d'un homme, et si son style est obscur, c'est uniquement par son immense profondeur. En revanche, quiconque s'est mis parfaitement au courant des découvertes de Kant, voit une transformation complète s'opérer dans son esprit; il voit maintenant les choses sous une autre lumière; il sourit de vos disputes sur l'esprit et la matière, sachant bien que ces mots ne désignent aucun objet précis; ce ne sont que des notions erronées, semblables à vos enquêtes sur l'état futur et l'origine du monde, le temps n'étant qu'un idéal sans réalité, et ainsi de suite. Les recherches de Locke, de Hume et de Reid sont, par rapport à Kant, comme des exercices d'école, de même qu'un problème de géométrie élémentaire, si on le compare au calcul infinitésimal.

Si cependant il se trouve un Anglais ayant fait de la métaphysique l'occupation de toute sa vie, et sachant assez bien l'allemand pour avoir pu étudier les œuvres de Kant dans leur ensemble, si, de plus, par ses publications, il a prouvé qu'il en a compris l'importance et la portée, ce sera là sans aucun doute le traducteur désigné, et je résignerai volontiers ma tâche entre ses mains. Mais si par hasard il se trouvait que cet Anglais n'existe pas, alors je suis enclin à penser que l'homme en question c'est moi. Je doute fort, en effet, que parmi nos métaphysiciens allemands il y en ait un qui sache l'anglais aussi bien que moi; de plus, parmi ceux qui sont actuellement vivants, aucun n'est aussi strictement et aussi fermement attaché au système de Kant et n'a fait de ses œuvres une étude aussi persévérante que moi.

« Telles sont les raisons pour lesquelles je sens en moi la vocation d'être l'apôtre de Kant en Angleterre, et pour lesquelles je réclame hautement cet honneur.

« Il est hors de doute que mon style anglais est défectueux sous bien des rapports, qu'il offre parfois une teinte étrangère, qu'il s'y glisse même des fautes de grammaire ou d'orthographe. Cela tient à ce que j'ai eu cent fois plus d'occasions de lire ou de parler l'anglais que de l'écrire, et une partie de ces défauts disparaîtraient sans doute si je dictais, au lieu d'écrire. Avec cela, je connais assez bien le sens exact et la portée de chaque tournure, et je dispose d'une assez grande somme d'expressions. De plus, les défauts que je viens de signaler disparaîtraient, si un Anglais ayant l'esprit philosophique (vous, monsieur, par exemple), voulait se charger de corriger mon manuscrit, de le débarrasser des germanismes, des impropriétés de langage, de tout ce qui est contraire à l'élégance du style. Il devrait cependant se renfermer strictement dans la partie linguistique de son travail, évitant soigneusement tout ce qui pourrait le moins du monde porter atteinte au sens, de même que, de mon côté, je n'oserais jamais imprimer quoi que ce soit en anglais, sans le soumettre d'abord à une correction de ce genre. Cependant, je ne me cache pas que même ainsi l'ouvrage atteindrait difficilement le degré d'élégance et de précision qu'il aurait s'il sortait directement de la plume d'un Anglais. Mais il n'y a rien de parfait sous le soleil, et, dans le cas présent, tel que je viens de l'exposer, tout homme qualifié sous un certain rapport pour traduire Kant sera trouvé défectueux sous un autre. Dès lors, qu'est-ce, dans un ouvrage de cette nature, qu'un défaut d'élégance, comparé à l'inexactitude du sens? Je ne crains donc pas de dire que ce qui me manquerait à moi est de peu d'importance, si l'on pense à un traducteur anglais qui, sans s'être préalablement pénétré des idées de Kant, resterait court devant un passage dont il ne saurait que faire, et dont il se débarrasserait en mettant à la place quelque lieu commun de son invention, exprimé en bon anglais. Je crois donc, en résumé, que le moyen que je propose est le seul possible pour produire au jour une traduction qui mérite confiance. J'ose même ajouter que cette possibilité est une chance rare, qui n'est pas à négliger. Ou je me trompe fort, ou un siècle pourra se passer avant qu'il se rencontre dans une même tête autant de philosophie kantienne et d'anglais réunis, qu'il s'en trouve dans ma tête grise. C'est pourquoi je me fais en quelque sorte un devoir d'offrir mes services au public anglais, moins pour mon propre avantage que pour l'avancement de la science et de la vérité. Si mon offre est rejetée, la faute n'en sera pas à moi, et ce n'est pas moi qui en souffrirai.

Dans la manière de traduire, je m'attacherai le plus étroitement possible aux paroles de Kant. Cependant une traduction uniformément littérale serait ici déplacée. Notre langue a une grammaire plus parfaite et un vocabulaire plus riche que la langue anglaise, et Kant a usé de ces avantages dans la plus large mesure. De plus, il aime à envelopper sa pensée, qui est déjà d'un abord difficile, dans des périodes inextricables, dont les incidentes se prolongent à perte de vue. Tout cela ne convient pas à l'idiome anglais. Il faut donc résoudre ces périodes en propositions courtes, et, en général, simplifier son style[1]. J'espère y réussir et rendre ainsi Kant en quelque sorte plus intelligible en anglais qu'en allemand, étant par nature ami de la clarté et de la précision, ce que Kant,

---

1. C'est un sage conseil que les traducteurs de Kant n'ont pas toujours suivi. Une traduction littérale de Kant dans une langue quelquonque est inintelligible.

soit dit en passant, n'était pas. Ce qui, du reste, me vient en aide, c'est que j'ai toujours toute sa doctrine présente à mon esprit. Je puis expliquer ce qu'il dit à un certain endroit par ce qu'il dit ailleurs. Je ferais précéder mon travail d'une introduction en guise de préface. J'ajouterais de courtes notes explicatives aux passages particulièrement obscurs, ou je renverrais aux autres ouvrages de Kant ; mais, avant tout, je donnerais une définition exacte des termes qu'il détourne de leur sens usuel. Car il ne saurait y avoir un Kant sans un certain jargon (*cant*). Il est assez étrange que Sterne ait fait un jeu de mots prophétique dans son *Tristram Shandy*, lorsqu'il dit : « De tous les jargons que l'on jargonne dans ce monde jargonnant, le plus agaçant est le jargon du criticisme[1] ». Je ferai remarquer que Kant a changé le C, première lettre de son nom, en K.

La substance de la philosophie de Kant est contenue dans trois ouvrages :

1º *Critique de la raison pure*, 1781.

2º *Prolégomènes pour toute métaphysique future ayant un caractère scientifique*, 1783.

3º *Critique du jugement*, 1790.

Tous ses autres ouvrages sont moins importants, quoique d'une valeur différente. Ceux qui, par leur importance, se rapprochent le plus des premiers, ce sont les *Éléments métaphysiques de la science naturelle* (1786) et la *Critique de la raison pratique* (1788). Quelques-uns des derniers ouvrages de Kant sont très faibles.

Comme la *Critique de la raison pure* passa d'abord inaperçue, Kant, voulant appeler l'attention sur son livre, et comprenant que l'indifférence du public provenait en partie de la grosseur du volume et de l'obscurité du style, écrivit les *Prolégomènes*, dans lesquels il exposait à nouveau les principaux points de son système, mais dans un autre ordre et sous une forme plus simple et

---

1. *Of all the cants which are canted in this canting world the cant of criticism is the most tormenting* (*Tristram Shandy*, chap. LXXX).

plus intelligible. Il espérait ainsi vaincre le dédain des lecteurs. Il dit lui-même que, dans les *Prolégomènes*, il décrit brièvement par la méthode analytique ce que, dans la *Critique*, il expose avec plus de développement par la méthode synthétique.

Il n'y a donc pas le moindre doute que la traduction des *Prolégomènes* doive précéder celle de la *Critique*. Les *Prolégomènes* ne sont, en effet, qu'une espèce d'abrégé de la *Critique*, fait pour attirer l'attention. De plus, on verra par les *Prolégomènes* jusqu'à quel point les travaux de Kant peuvent convenir à l'esprit du public anglais, en lui donnant une sorte d'avant-goût de ces travaux. J'ajoute que l'ouvrage étant court, l'impression en sera peu coûteuse.

Quelque intérêt que je porte à la propagation de la doctrine de mon maître, on ne peut s'attendre à ce que j'entreprenne une tâche laborieuse et aussi longue sans un dédommagement pécuniaire. Il faut donc que je touche encore ce point. Comme je ne puis savoir quel format et quel papier l'éditeur choisira, je prendrai pour mesure l'original allemand, en donnant par-dessus le marché mes notes explicatives. Je demanderai donc, pour la traduction de chaque feuille d'impression de seize pages de l'ancienne édition in-octavo, quinze thalers prussiens, payables ici, au moment de la livraison du manuscrit, ce qui, au cours moyen de sept thalers par livre sterling, porte la feuille aux environs de deux livres trois shellings. Tout le volume des *Prolégomènes* reviendrait ainsi à peu près à trente livres. Il faudrait stipuler en outre dans le traité que je toucherai la moitié de ces honoraires pour chaque édition suivante.

Je considère ces conditions comme modérées, eu égard à la difficulté d'un travail pour lequel je suis tout particulièrement désigné. En tout cas, je ne l'entreprendrais jamais à des conditions moindres, ni même égales, si ce n'était pour l'amour de Kant et de la vérité. Si, du reste, vous pouvez me faire obtenir des conditions meilleures, je vous en serais très reconnaissant.

Après tout ce que je viens de dire, je n'ai pas besoin de vous assurer que je procéderais à mon travail *con amore*, avec tout le souci possible de la gloire de Kant et de ma propre réputation. Je voudrais donc travailler à loisir, à raison de quatre feuilles seulement par mois. Les *Prolégomènes* pourraient être traduits en trois mois ; pour la *Critique*, il me faudrait un an.

Si ces points principaux étaient acceptés, j'y joindrais encore quelques stipulations particulières, et je vous prierais de faire dresser le contrat dans la forme légale, et de le faire signer par l'éditeur.

Votre zèle pour la propagation de la vérité et de la science me fait espérer, monsieur, que vous voudrez bien prendre quelque peine pour trouver un éditeur des œuvres de Kant en anglais, si, du moins, comme je le pense, j'ai réussi à vous persuader que je suis le seul traducteur désigné pour cette publication. J'espère, en tout cas, que vous voudrez bien pardonner la liberté que j'ai prise, et me croire

Votre très humble serviteur

ARTHUR SCHOPENHAUER[1].

1. La lettre est en anglais. Le critique de Damiron, auquel elle s'adressait, et auquel elle parvint par l'entremise des éditeurs de la *Revue*, Black Joung et Joung à Londres, était Francis Haywood, de Liverpool. Il répondit à Schopenhauer en lui proposant un plan de collaboration, où il se réservait la part principale. Schopenhauer écrivit alors aux éditeurs, qui le renvoyèrent à Haywood. Ils étaient prêts, disaient-ils, à entrer en négociation avec lui, pourvu qu'il s'entendît préalablement avec Haywood. Ils avaient sans doute plus de confiance en Haywood qu'en Schopenhauer, qu'ils considéraient comme un obscur débutant. L'affaire en resta là, et on peut le regretter. Il eût été intéressant de voir Kant traduit et « simplifié » par l'homme qui le connaissait le mieux.

A FRÉDÉRIC OSANN.

Schopenhauer a fait deux séjours en Italie, le premier du mois d'octobre 1818 au mois de juin 1819, après qu'il eut remis à l'éditeur Brockhaus le manuscrit de son grand ouvrage, le Monde comme volonté et comme représentation ; le second, du mois d'octobre 1822 au mois de mai 1823, après l'insuccès de son enseignement à Berlin.

Pendant son premier voyage en Italie, il correspondait activement avec sa sœur Adèle ; les lettres qu'il lui adressa sont malheureusement perdues.

Du second voyage, il reste deux lettres, adressées à Frédéric Osann, l'une datée de Florence, l'autre de Munich. Osann était le plus ancien ami de Schopenhauer ; il était né à Weimar en 1794. Il fut tout jeune un familier de la maison de Schiller, et il garda toute sa vie l'esprit et la tradition du vieux Weimar. Il fut nommé, en 1825, professeur de philologie classique à l'université de Giessen, où il enseigna jusqu'à sa mort, en 1858. C'était un homme aimable, un savant sans pédanterie, très aimé de ses élèves. Ce fut, paraît-il, l'unique passion d'Adèle Schopenhauer, une passion non satisfaite.

Adèle avait neuf ans de moins que son frère. Elle avait le goût des arts et du talent pour le dessin. Gœthe lui confiait volontiers des rôles dans les pièces de circonstance qu'il faisait jouer à la cour de Weimar. Après la mort de sa mère, elle alla demeurer à Bonn, où elle mourut en 1849. Elle était grande amie d'Ottilie, la belle-fille de Gœthe. Son « Journal » a été publié en deux volumes (Leipzig, 1909).

Florence, le 29 octobre 1822.

Cher ami, Voici encore la Grande-Ourse qui règne au bas de l'horizon ; voici encore, dans l'air immobile, le feuillage vert sombre qui se découpe avec netteté sur le ciel d'un bleu intense, sérieux et mélancolique. Voici encore les oliviers, les vignes, les pins et les cyprès, et les innombrables petites villas qui semblent nager comme des îlots dans le paysage. Et me voici encore dans cette ville dont les pavés sont comme des mosaïques. Sur la grande place se dressent trois énormes bisons de marbre poli ; lavés par la pluie, ils brillent au soleil. Et voici le Dôme, le Campanile, le Baptistère, et chaque jour encore je traverse cette singulière place, peuplée de statues, dont vous possédez une gravure très exacte. Me voici encore avec ces gens mal famés, qui ont de si beaux visages et de si vilaines âmes. Une infinie jovialité est peinte sur tous leurs traits ; elle vient de leur santé, et celle-ci vient du climat. Beaucoup d'entre eux ont la mine si spirituelle, que l'on croit vraiment que derrière cette mine il y a quelque chose. Ils sont si fins et si rusés, qu'ils savent même prendre des airs honnêtes, et pourtant ils sont si franchement perfides et impudents, qu'on les admire sans penser à se fâcher contre eux. Leurs voix sont terribles : si un seul homme se mettait à crier dans les rues de Berlin comme des milliers le font ici, toute la ville se rassemblerait ; mais sur les théâtres leurs trilles font plaisir à entendre.

Je retrouve des chambres hautes de plafond, avec des poutres apparentes au-dessus de ma tête et un pavé de pierre sous mes pieds ; tout est ici en pierre et en fer. Le mobilier est médiocre, les portes et les fenêtres ferment absurdement mal. J'écris à la lumière d'une grande lampe en cuivre à trois becs, que le domestique vient d'allumer au moyen d'un petit roseau soufré, et, après y avoir réussi, non sans peine, il me souhaite un solennel *felicissima notte a Vossignoria*. Des figues, des raisins, des citrons dont les tiges sont encore garnies de leurs feuilles, sont entassés devant moi. Mon cher, n'en était-il pas déjà ainsi il y a trois ans? Vous voulez que je vous envoie un parfum de mon existence actuelle? Vous voilà servi!

Dans les trois dernières années, je rêvais parfois que j'étais à Rome, à Naples; ensuite je me réveillais, et je me retrouvais dans ma vieille rue; mais cette fois-ci l'apparition persiste. La seconde entrée en Italie est encore plus agréable que la première. Avec quel enthousiasme je saluai chaque détail caractéristique! Ce qui est étranger et sort de nos habitudes nous choque moins la seconde fois que la première. Même ce qui nous répugne et nous incommode nous fait l'effet d'une vieille connaissance, et, d'un autre côté, on distingue vite ce qui nous convient, et l'on sait en jouir. Il m'a semblé que tout ce qui sort directement des mains de la nature, que le ciel, la terre, les plantes, les arbres, les animaux, les figures humaines, étaient tels qu'ils devaient être, tandis que chez nous ils sont simplement tels qu'on peut les admettre à la rigueur.

« Lorsque, arrivé à Milan, je me reposais des belles impressions de mon long voyage en Suisse, j'espérais trouver une lettre de vous, mais en vain. Il faut donc que je me rappelle à votre souvenir, et que je vous prie encore de me donner quelques nouvelles littéraires, surtout de celles qui m'intéressent directement. Ici on n'apprend rien. Je m'amuse parfois de ce qu'il y a d'hétérogène dans mon entourage. Je me fais sourire moi-même, quand je me promène avec un blanc dominicain dans les jardins Boboli, et que je me surprends à gémir avec lui sur la décadence des couvents, ou quand, dans le salon brillamment éclairé d'une villa, je fais la cour à une Anglaise. Mais quand on se retrouve sous la douce lumière de la lampe, on rentre en soi-même, et l'on sent où est le centre de notre existence. C'est alors aussi que je souhaite qu'il me vienne de loin un écho de ce qui me concerne.

Vous savez ce que je veux dire, et je connais votre bonté. Le catalogue de la foire de Leipzig contient-il quelque chose de remarquable en philosophie ? Trois chaires étaient à pourvoir, à Heidelberg, à Breslau, à Berlin : quels ont été les élus ? Quelqu'un s'est-il déchaîné contre moi ? ou m'a-t-on diffamé par écrit ? Envoyez-moi tout cela et à mes frais. Ici il est difficile d'avoir des livres, il faut tout acheter. La bibliothèque est mal administrée ; une petite caisse de livres, que j'avais mise à la poste, m'est revenue honteusement cher. Cependant rien n'est réellement défendu. Ne me suis-je pas vu moi-même, à Milan, sur le catalogue des ouvrages à l'index ?

Je passerai l'hiver ici. Il fait encore chaud ; je ne quitte pas mes pantalons de nankin ; tout le monde ici fait de même. Les feuilles commencent à jaunir. Ici la plupart des arbres ne connaissent pas de saisons ; même les orangers restent dehors toute l'année dans le cloître Saint-Laurent, sans être recouverts ; grands et forts, ils répandent leur ombrage sur la cour. Quand il fera froid, je me consolerai à leur vue. C'est l'Eldorado sur la terre. On vit avec l'Italie comme avec une maîtresse, aujourd'hui en dispute, demain en adoration ; avec l'Allemagne comme avec une ménagère, sans colère et sans amour.

Quelles étoiles luisent sur vous ? Puis-je encore espérer que vous me suivrez, ou le dieu de l'hyménée vous a-t-il pris dans ses liens ? Si vous voulez me suivre, ne tardez pas : l'été prochain je serai sans doute parti. En attendant, je vous prie de m'écrire bientôt, bientôt. Si je puis vous être utile ici, je suis à votre disposition. Je reste, dans le midi comme dans le nord,

    Tout à vous.

                        A. S.

                Munich, le 21 mai 1824.

Mon cher ami, J'ai tardé à vous répondre en Italie, et à Munich, au moment où j'allais le faire, je suis tombé malade. Ne m'en veuillez donc pas de mon retard. Vos

A JEAN-AUGUSTE BECKER.

*Jean-Auguste Becker fut un des disciples les plus intel-
ligents, on peut dire des plus originaux de Schopenhauer,
un de ceux qui, malgré le peu de goût du maître pour la
contradiction, se permettaient par moments de s'écarter de
lui et d'avoir une opinion personnelle.*

*Il était né à Alzey, près de Mayence, en 1803; il fut
d'abord avocat dans sa ville natale, ensuite juge à Mayence,
enfin conseiller à la cour d'appel : il mourut en 1881.*

*En 1844, faisant une saison aux eaux de Wiesbaden, il
écrivit à Schopenhauer pour lui demander la permission de
lui exposer ses doutes sur quelques points de la doctrine.
Une déclaration qu'il lui fait dès les premiers mots ne
pouvait que le flatter: « Je suis depuis quelque temps votre
disciple, et votre disciple reconnaissant. »*

*Becker dit ensuite qu'il s'est familiarisé avec les écrits de
Kant, qu'il a essayé d'aborder les summi philosophi qui se
donnent pour les successeurs de Kant, mais qu'il s'est
aperçu que, « pour les comprendre, il faut d'autres facultés
que les siennes », et qu'enfin la clarté s'est faite dans son
esprit après avoir lu les Problèmes fondamentaux de la
morale, le Principe de la raison suffisante et le Monde
comme volonté et comme représentation.*

*Becker se montre donc dès l'abord disciple zélé et déjà
bien informé. Schopenhauer lui répond quelques jours
après, lui exprime sa satisfaction, se déclare prêt à lever
ses scrupules, à éclaircir ses doutes. Il lui envoie un exem-*

plaire de la Volonté dans la nature, *le lui recommandant comme l'exposé le plus clair des principes fondamentaux de sa métaphysique.* « *L'impression que l'on produit individuellement sur certains lecteurs, écrit-il, est un gage de l'influence plus étendue qu'on exercera plus tard et dont on ne sera pas témoin.* »

Alors commence entre eux un échange de visites et une correspondance philosophique, que Schopenhauer compare à celle de Spinosa avec l'Anglais Henri Oldenburg et avec Guillaume de Blyenbergh.

Francfort, le 23 août 1844.

Très cher monsieur Becker,

Les doutes que vous me proposez portent sur un objet à la fois très élevé et très obscur, sur la théorie d'un fait intérieur que l'Église désigne sous le nom de régénération par la grâce, un fait qui touche au rapport entre l'état de nature et l'état de grâce, et qui est devenu par conséquent le thème de beaucoup de controverses théologiques.

L'argumentation que vous m'opposez est la suivante : si la volonté peut être *niée*, c'est-à-dire totalement supprimée dans un individu, elle doit pouvoir également être modifiée ; et réciproquement, si elle ne peut être modifiée, elle ne peut pas davantage être anéantie, en sorte que les deux opérations ne vont pas l'une sans l'autre. [1]

---

1. Schopenhauer est instructif par les observations de détail dont il a semé ses écrits. Il ne se lasse pas de dire qu'il n'est pas ennuyeux comme Hegel. Mais sa philosophie ne se présente pas, quoi qu'il en dise, avec la parfaite unité d'un système dont toutes les parties se soutiennent réciproquement. On y découvre facilement des disparates, pour ne pas dire des contradictions, qui embarrassaient déjà les premiers disciples. La volonté, ou, pour mieux dire, le *vouloir vivre*, le ressort universel de la création, est indestructible et inaltérable : tel est le principe fondamental de sa métaphysique. D'un autre côté, la négation de la volonté, qui mène au renoncement et à l'ascétisme, est l'aboutissement de sa morale. Ne semble-t-il pas que le moraliste vienne ici corriger le métaphysicien ? De plus, si l'homme égoïste ou pervers peut, par un effet de la grâce divine, devenir un saint, com-

Remarquez tout d'abord que ce raisonnement n'a pas pour soi l'analogie du monde extérieur, qui est pourtant l'épreuve de la vérité de nos représentations. Au contraire, la suppression d'une chose ou sa simple modification se présentent à nous comme deux faits également possibles, mais absolument distincts.

Supposez un théâtre mécanique, mû par un ressort d'horlogerie, sur lequel diverses figures apparaissent successivement et jouent leur rôle : le spectacle suit son cours invariable ; mais arrêtez le ressort, et voilà que tout est immobile. Autrement dit : de ce qu'une chose puisse être ou ne pas être, il ne s'ensuit pas qu'elle puisse changer son essence, être autre qu'elle n'est. Ou une chose est, ou elle n'est pas ; mais du moment qu'elle est, elle est telle qu'elle est, et non autrement. L'existence d'un être peut se supprimer, et alors son essence est supprimée du même coup ; mais il ne s'ensuit pas que nous puissions lui laisser l'existence en changeant son essence ; au contraire, le changement de son essence ne peut avoir lieu qu'avec la suppression de son existence [1].

Tirez la conclusion. Si le *vouloir vivre* s'affirme dans un individu, il lui confère en même temps son caractère individuel, et l'individu garde ce caractère, parce que c'est dans le caractère que le *vouloir vivre* s'affirme. Mais que le *vouloir vivre* se nie et s'anéantisse, le caractère tout entier sera supprimé du même coup.

Vous savez, par la théorie de Kant à laquelle j'ai si souvent fait allusion, que le *caractère empirique* d'un homme n'est autre chose que le déploiement de son *caractère intelligible* dans la forme du temps. [2] Ce dernier

ment ne peut-il pas, à la simple lumière de sa raison, devenir un honnête homme ? Quand ces objections se présentaient à Schopenhauer, il y répondait quelquefois, comme il le fait pour Becker. D'autres fois il se bornait à dire que le philosophe n'est pas tenu de résoudre tous les problèmes du monde.

1. Becker aurait pu répondre à Schopenhauer que l'homme n'est pas une machine dont les ressorts sont mus par une main étrangère, mais un agent libre, qui porte ses motifs d'agir en lui-même.

2. Le caractère intelligible, c'est l'essence permanente et inaltérable

caractère, comme *chose en soi*, est en dehors de la forme du temps, et par conséquent en dehors de toute possibilité de changement; il a toute l'unité d'un seul acte volontaire. Comment donc une modification partielle pourrait-elle s'introduire dans le caractère empirique [1]?

Au contraire, de même que le caractère intelligible, ou, en d'autres termes, l'acte volontaire dans sa totalité, pris en soi, et en dehors du temps, peut vouloir, de même il peut ne pas vouloir. Dès lors, le *vouloir vivre* devient un *non vouloir*. La manifestation dans le temps, le caractère empirique est supprimé du même coup. Tout ce qu'il voulait, maintenant il ne le veut plus. Tout le *processus* est retourné.

Quant à vous, vous pensez que, si l'homme qui a su s'affranchir complètement du principe de l'individuation arrive à supprimer en lui les motifs d'agir, il peut aussi, par un affranchissement partiel, obtenir une modification ou un affaiblissement de ces motifs [2].

de l'individu; le caractère empirique, c'est sa conduite, la série de ses actes particuliers.

1. Schopenhauer reconnaît ailleurs qu'une telle modification est possible par l'influence des circonstances extérieures qui fournissent les motifs d'agir. « Mais, ajoute-t-il, quelle que soit la variété des influences extérieures, et de quelque manière que le caractère empirique se comporte dans la vie, il faut toujours qu'il réponde au caractère intelligible dont il est l'expression. » (*Le Monde comme volonté et comme représentation*, Livre II, § 28).

2. Le principe de l'individuation nous empêche de voir dans notre souffrance la souffrance du monde. Pour Schopenhauer, le principe de l'individuation n'est autre chose que le déploiement de la *chose en soi*, ou du vouloir vivre universel, dans les êtres individuels, sous les conditions de l'espace et du temps. « Sur quoi repose la multiplicité des êtres? Sur l'espace et le temps, qui seuls la rendent possible, la multiplicité ne pouvant se concevoir que comme une juxtaposition dans l'espace ou une succession dans le temps. Donc, comme la multiplicité des êtres de même espèce ce sont les individus, je nomme l'espace et le temps, qui rendent cette multiplicité possible, le *principe de l'individuation*, sans m'inquiéter de savoir si c'est précisément en ce sens que le mot a été pris par les scolastiques. » (*Le Fondement de la morale*, § 22). — Le principe de l'individuation a fort occupé les scolastiques. La discussion portait principalement sur la valeur relative des individus et de l'espèce. Pour les uns, l'espèce n'était qu'une

Mais un tel affranchissement, quel que soit son degré d'efficacité, n'a jamais pour résultat immédiat que de rendre l'homme plus sensible à la compassion, et de vaincre la résistance que peut offrir à ce sentiment la pente naturelle de son caractère.

Un tel affranchissement peut bien préparer la négation du vouloir, elle ne peut pas l'effectuer, ni totalement, ni en partie. Tout au plus peut-elle, quand elle a atteint son degré le plus élevé (qui peut être comparé au degré d'ébullition de l'eau), se présenter comme l'accompagnement d'un phénomène nouveau, la négation du vouloir.

Alors, en effet, l'homme éprouve tout d'un coup la souffrance du monde comme sa souffrance propre, ou, par la *seconde voie*, sa propre souffrance comme la souffrance du monde[1]. Alors se présentent certains phénomènes rares, certaines transformations subites, tellement étrangères à la nature humaine, qu'on les a attribuées à l'intervention d'un agent extérieur, le Saint-Esprit. On a appelé ces phénomènes des régénérations par la grâce : le vieil Adam est mort, il est ressuscité en Jésus-Christ.

De tout cela, je conclus que d'un homme pervers peut naître immédiatement un saint, mais non un homme juste. Cette conclusion est confirmée par l'expérience. Voyez seulement mon premier sermon du gibet (*Galgenpredigt*): il s'agit là d'un meurtrier absolument dépravé, qui, devant l'instrument de son supplice, oublie son propre sort, qui fait trembler les assistants, et ne pense

collection d'individus: pour les autres, l'individu n'était qu'une expression incomplète et passagère de l'espèce, seule permanente et réelle. La question touchait ainsi à celle du nominalisme et du réalisme, autour de laquelle tourne toute la philosophie du moyen âge.

1. Il y a deux voies, selon Schopenhauer, pour arriver à la négation du vouloir, et à l'ascétisme qui en est la suite. La première, l'observation philosophique, est celle des esprits d'élite ; la seconde, la plus ordinaire, est la part de souffrance que chaque homme rencontre dans sa destinée, et qui lui ouvre les yeux sur la souffrance universelle. — Voir *le Monde comme volonté et comme représentation*, Livre IV, § 68.

qu'au salut des autres : cela est arrivé mille fois et n'est point une comédie [1].

Avec mes sentiments de haute considération,
    Votre dévoué serviteur

A. S.

Francfort, le 21 septembre 1844.

Cher monsieur Becker,

Je vais tâcher de répondre à vos objections très réfléchies, très judicieuses et présentées avec une extrême clarté.

Votre syllogisme est irréprochable, et la conclusion est juste [2].

1. *Le Monde comme volonté et comme représentation*, suppléments du 4e livre, chap. XLVIII à la fin. — Becker aurait pu, lui aussi, citer des faits d'expérience à l'appui de sa théorie; il n'avait qu'à renvoyer Schopenhauer aux Mémoires de Xénophon sur Socrate.

2. La loi de causalité serait sans efficacité, elle serait comme non existante, sans le *vouloir vivre* qui anime la nature et qui est le ressort de son activité. On peut donc dire que la loi de causalité suppose le *vouloir vivre*, ou l'affirmation de la volonté. C'était là un principe fondamental de la philosophie de Schopenhauer.

Or, lui objectait Becker, si tous les phénomènes de la nature s'expliquent par la loi de causalité, si la loi de causalité, à son tour, a pour condition le *vouloir vivre*, la négation de ce vouloir supprime instantanément toute relation de cause à effet, et fait disparaître à nos yeux tout le monde phénoménal.

Pour vérifier la justesse de son argumentation, Becker l'avait réduite en syllogisme.

Majeure. Ce qui est vrai d'un objet est vrai des conditions de cet objet.

Mineure. Notre intelligence reconnaît sous la loi de causalité la condition de tout changement qu'elle observe, et cette loi elle-même a pour condition l'affirmation du *vouloir vivre*.

Conclusion. Notre intelligence doit reconnaître aussi, dans tout changement qu'elle observe, une manifestation du *vouloir vivre*.

Si le monde phénoménal tout entier a pour condition le *vouloir vivre* dans sa forme affirmative, que reste-t-il, dans la série des phénomènes, pour le *non vouloir*? Quel rôle pouvons-nous lui attribuer dans notre expérience? Quel jugement pouvons-nous porter sur les prétendues révélations des mystiques, des quiétistes, de tous les apôtres du non

Il est très vrai que notre intelligence suppose la volonté dans sa forme affirmative comme condition dernière de tout changement qu'elle observe. Il est vrai aussi que cette supposition se confirme dans chaque cas particulier. Un seul cas fait exception, un cas où nous trouvons aussi la loi de causalité en défaut; et c'est précisément le cas qui nous occupe.

Non que l'intelligence se trouve ici en présence d'un effet sans cause. Non, **mais il y a des causes sans effet**, quand la causalité ne repose plus sur son fondement naturel, la force dont elle est le fil conducteur. Qu'est-ce qui arrive, en effet? **Des motifs** qui jusqu'ici produisaient sur un caractère donné **un effet nécessaire et sûr**, n'agissent plus. Ce qui plaisait, ce qui charmait, est désormais sans attrait; une offense n'excite plus la colère; la mort même, la mort terrible, est la bienvenue; on la désire; on va au-devant d'elle.

Pour vous rendre **compte** de cet état de choses, votre intelligence est forcée de chercher des motifs contraires, des motifs inconnus. **Mais moi, je dis qu'il y a un point** où l'expérience de la vie, dans sa totalité, dispense de recourir aux circonstances particulières auxquelles d'ordinaire nos motifs d'agir sont empruntés. La volonté cesse de vouloir la vie dans sa totalité; elle cesse donc aussi, dans tel ou tel cas, d'en vouloir les moments particuliers.

Ce serait un cas analogue, si, dans un ordre de faits inférieur, un corps perdait tout à coup ses propriétés chimiques, de sorte que les réactifs n'auraient plus aucune prise sur lui, et cela non par l'effet d'une cause extérieure, mais pour une raison qui lui serait inhérente. Il est vrai qu'un pareil cas est impossible dans cet ordre de faits; il ne peut se présenter que dans la sphère la plus élevée, quand la volonté s'éclaire à la lumière de l'intelligence et prend, pour ainsi dire, conscience d'elle-même.

Mais parce que l'intelligence ne comprend que des chan-

vouloir? En résumé, le *non vouloir*, avec toutes les conséquences qu'on peut lui attribuer, est en dehors de ce que nous pouvons légitimement constater par notre intelligence.

gements venus du dehors, et qu'il se présente ici un changement venu du dedans, il est bien vrai que le fait, envisagé du point de vue de la nature, apparaît comme un miracle. On l'a donc désigné comme une régénération par la grâce; on l'a déclaré un mystère; on a imaginé ainsi une opposition entre le règne de la nature et le règne de la grâce.

Mais moi, je ne connais d'autre gracieux seigneur que la volonté, avec son rôle effectif, avec la liberté qui lui appartient, la liberté de la *chose en soi*. La liberté est un mystère, dit Malebranche. C'est dans ce mystère de la grâce théologique et de la liberté philosophique que gît la solution du problème de la vie universelle. C'est par là que nous pouvons sortir de ce monde contingent. Je peux bien vous montrer la porte, je ne peux pas l'ouvrir; je ne sais pas non plus ce qui est derrière.

Mes meilleures amitiés.

A. S.

Francfort, le 10 décembre 1844.

Cher monsieur Becker,

Je vois avec plaisir que les arguments que j'ai fait valoir dans notre précédente controverse vous ont paru concluants quant à l'essentiel, car il serait regrettable que l'ardeur de la discussion vous eût rendu rebelle à une vérité qui est le seul point lumineux dans le ciel sombre de notre existence, et de ma philosophie, laquelle en est le miroir. Il ne faudrait, par conséquent, rien de moins que les raisons les plus décisives pour contester cette vérité.

Vos nouveaux scrupules sont plus faciles à lever que les précédents[1]. Ils ont quelque chose de spécieux, mais, con-

---

1. Becker avait relu le mémoire de Schopenhauer sur *le Fondement de la morale*. La question avait été mise au concours, en 1837, par l'Académie Royale de Copenhague. Il s'agissait de savoir si, au milieu de la variété des actions humaines et de la diversité des opinions

sidérés de près, ils touchent plutôt à la forme qu'au fond de mon exposition. Je ne nie point que, dans ma doctrine, l'idée des actions « ayant une valeur morale » ne se présente comme une simple supposition. C'est comme un enjeu qu'on se propose de retirer plus tard. Mais mon idée n'est nullement comparable à *l'impératif catégorique* de Kant ; elle n'est en aucune façon, comme celui-ci, un *Deus ex machina*, et elle n'a pas la prétention d'être un

philosophiques, on pouvait assigner à l'activité morale un fondement unique et irrécusable.

Une grande partie du mémoire présenté par Schopenhauer était consacré à la réfutation de *l'impératif catégorique* de Kant, qu'il considérait comme une autre forme du commandement divin, un « théologien déguisé ». Quant à la doctrine de Fichte, qui était alors en vogue, et à l'enseignement universitaire, il ne les jugeait pas dignes d'un examen sérieux.

Schopenhauer n'obtint pas le prix, quoiqu'il n'eût point de concurrent, et l'une des raisons que l'Académie donnait de son arrêt, c'était le peu de respect avec lequel il traitait les plus grands philosophes, *summi philosophi*, un mot qui devint désormais un terme de mépris dans la bouche de Schopenhauer.

Voulant demeurer dans le domaine de l'expérience, Schopenhauer donne comme fondement à la morale ce qu'il appelle « le ressort des actions morales » (*die moralische Triebfeder*). Il partage les actions en deux groupes, les unes inspirées par l'égoïsme, les autres par la charité. Les dernières ont seules, selon lui, une valeur morale ; leur caractéristique est d'être dénuées de tout intérêt personnel. « Pour l'homme bon, les autres ne sont pas un non-moi ; au contraire, il dit d'eux : c'est encore moi ; il se sent apparenté à tous les êtres, et il prend une part directe au bien et au mal qui leur arrivent. »

Becker se demande si une *valeur*, de quelque nature qu'elle soit, n'est pas affaire d'appréciation et d'estimation, par conséquent chose relative et conventionnelle, si donc la mesure que Schopenhauer prétend appliquer aux actions morales a plus de certitude que *l'impératif catégorique* de Kant, ou même le commandement divin des théologiens. De plus, si je ne dois voir dans le non-moi qu'une autre forme du moi, n'est-ce pas encore un motif personnel qui me détermine dans mes rapports avec le prochain ? Donc, de toutes façons, la ligne de démarcation entre les actions intéressées ou désintéressées n'est pas aussi tranchée que le prétend Schopenhauer.

Ces questions, et d'autres encore, que ses disciples ne cessaient de lui adresser, auraient pu embarrasser Schopenhauer, s'il n'avait eu une réponse toujours prête : c'est que la philosophie n'est pas une mathématique, et qu'il ne faut pas tout prendre à la lettre.

dernier terme, un principe universel, n'ayant son propre fondement qu'en soi-même.

Je m'explique. Tout raisonnement a son point de départ. C'est un tissu, qu'il faut bien accrocher à un point quelconque. Quand je veux tresser une couronne, la tige reste visible jusqu'à ce qu'elle soit recouverte par les fleurs. Le point de rattache dont je parle m'était déjà fourni par la question mise au concours. « Il y a une science des mœurs, était-il dit ; il y a une manière de juger nos propres actions et les actions des autres au point de vue moral : que signifie tout cela, et sur quoi cela repose-t-il ? » J'ai donc pris, provisoirement et d'une manière toute générale, l'idée de la valeur morale de nos actions comme une chose donnée, et j'ai pris aussi l'autorité universelle dont cette idée est revêtue, malgré les explications multiples qu'on en a proposées, comme un premier symptôme dont on peut conclure qu'il existe réellement une matière de la science morale, quelle que puisse être cette matière. Me fondant sur ces prémisses, je me suis demandé quelles sont donc les actions auxquelles on attribue d'ordinaire une valeur morale.

Or il se trouve que ce sont les actions justes et charitables ; il se trouve ensuite que le *criterium* de leur authenticité est le désintéressement, et enfin que le signe auquel on les reconnaît est le contentement de soi-même et l'approbation des témoins qui n'y sont pas directement associés. Ce n'est pas là commettre une pétition de principe, mais analyser l'état de choses qu'on a sous la main et qui constitue la matière de la science morale.

Ma méthode est toujours de partir d'un fait donné, intérieurement ou extérieurement à nous, de l'expliquer par ses rapports avec d'autres faits, ou de le ramener à un principe supérieur. Cette méthode, appliquée au cas présent, nous met sur la trace de la source commune de toutes les actions dont il s'agit, laquelle se trouve être la compassion. Enfin la compassion elle-même devient l'objet d'un nouveau problème, dont le résultat est de lui attribuer une origine métaphysique.

longueur; elle témoigne non seulement de la connaissance la plus exacte de ma philosophie, mais d'un esprit qui en est tout pénétré, d'une conscience parfaite et d'un enthousiasme sans bornes. Vous savez que je me suis toujours consolé de l'indifférence de mes contemporains par des adhésions individuelles, qui m'ont donné la mesure du succès que j'aurai dans l'avenir.

Ce que Doss vous demande répond tout à fait au zèle, je puis dire à la sollicitude inquiète avec laquelle il rassemble tout ce qui a rapport à ma philosophie, jusqu'au moindre pamphlet, jusqu'à la plus misérable critique. Voyant que mon activité littéraire tire à sa fin, il veut en avoir les documents complets. Je souhaite donc que vous lui donniez satisfaction, et je ne doute pas qu'il ne vous tienne compte des frais, car il m'écrit que « lors même que les frais de copie seraient considérables, il ne reculerait devant aucun sacrifice dans une affaire qui importe au bonheur de sa vie ». Je vous prie seulement de prendre un copiste dont il n'y ait pas à craindre qu'il fasse une seconde copie pour lui-même.

Je vous prie d'accepter de ma part la production ci-jointe du bon Dorguth[1]. Il m'en a envoyé six exemplaires, mais je ne puis les offrir qu'à des amis décidément favorables et bien intentionnés : d'autres y verraient un acte d'insupportable vanité. Pour vous encourager à cette lecture, je vous dirai ce que m'a raconté avant-hier le professeur Bœckh de Berlin : il était allé faire ses adieux à Humboldt, et il le trouva lisant la brochure en question.

Depuis quelque temps des voix favorables m'arrivent de divers côtés, et parfois d'une singulière façon : tel un compte rendu très aimable dans un journal de modes de Hambourg du 17 décembre. Peut-être que les gens,

____

1. Sur Dorguth, voir les *Conversations avec Frauenstædt*, p. 24, n. 1. — La brochure en question avait pour titre : *Vermischte Bemerkungen über die Philosophie Schopenhauers, ein Brief an den Meister*; Magdebourg, 1852.

voyant venir le moment de l'*Exit*, veulent du moins l'accompagner d'un *Plaudite*.

Dans l'espoir d'avoir bientôt de vos bonnes nouvelles, je suis

Votre dévoué serviteur

A. S.

Francfort, le 5 mai 1852.

Mon bon et cher monsieur Becker, Il faut que je vous communique un programme qu'on vient de m'envoyer[1]. Vous y verrez :

1° Qu'un autre avait déjà fait la même tentative, mais, à ce qu'il paraît, sans grand succès. Votre figure répond aussi à peu près à la chose, mais elle est diablement compliquée; c'est un meuble fait de pièces et de morceaux, qu'on ne sait par quel bout prendre; c'est à y perdre la tête. Quelle différence avec ma figure si simple et qui satisfait au premier abord!

2° Quelle satisfaction je dois éprouver de voir une vérité qu'en 1813, étant encore presque étudiant, j'ai mise au monde sur une table d'auberge à Rudolstadt, de la voir aujourd'hui, en 1852, publiée, confirmée et appliquée, sans y changer un mot.

Mais il semble vraiment que le *Plaudite* veuille se hâter de devancer l'*Exit*. Ne vient-il pas à la fois des deux

---

1. Schopenhauer, dans sa thèse de doctorat, sa *Quadruple Racine du principe de la raison suffisante*, avait proposé d'appliquer à la géométrie la méthode intuitive, à la place du raisonnement abstrait, et il avait donné comme exemple une manière de démontrer la valeur relative des angles d'un triangle. Becker avait essayé, de son côté, de faire des applications nouvelles de la même méthode, mais probablement sans y apporter la même précision que Schopenhauer. — Le programme que Schopenhauer envoyait à Becker avait pour titre : *Zur systematischen Entwicklung der Geometrie aus der Anschauung*. L'auteur, Kosack, professeur au gymnase de Nordhausen en Saxe, remontait jusqu'aux anciennes tentatives qui avaient été faites pour modifier la méthode d'Euclide, et s'arrêtait enfin à Schopenhauer, en citant les principaux passages de *la Quadruple Racine*.

antipodes de la littérature, le Journal des modes et le Programme d'école? Mais je vais leur jouer un tour : j'empoche le *Plaudite*, et quant à l'*Exit*, ils n'ont qu'à l'attendre une vingtaine d'années. M. Kosack paraît n'avoir eu devant les yeux que ma *Quadruple Racine*; je lui envoie donc mon ouvrage principal et *la Volonté dans la nature*, avec mes félicitations.

Vous répondez très bien aux questions et aux scrupules de Doss, et je vous prie, à l'occasion des communications que vous avez, à lui faire, de lui écrire dans le même sens. La *conscience sans connaissance (das erkenntnisslose Bewusstsein)* a donné aussi du fil à retordre à Frauenstædt; c'est pourtant une vérité, quoiqu'elle touche aux régions transcendantes et paraisse difficile à saisir. Il faut en chercher l'explication dans mes ouvrages[1].

Vous êtes toujours, parmi mes apôtres, celui qui me comprend le mieux. Je le dis sans vous flatter. Mais pourquoi avez-vous une telle horreur du noir d'imprimerie? Il en résulte que, de quatre apôtres que j'ai, je n'ai que deux évangélistes, et encore sont-ils comme Dieu les a faits[2].

Je suivrai l'histoire d'*Akakia*, je n'en ai pas encore eu le temps[3].

---

1. Dans le système de Schopenhauer, la conscience, le sentiment de l'être (*das Bewusstsein*), repose sur la faculté primaire, la volonté; elle est indépendante de la faculté de connaître (*die Erkenntniss*), et peut même lui survivre. — Voir *le Monde comme volonté et comme représentation*, Livre II, § 19 et 22, et *Parerga*, 2ᵉ partie, § 139.

2. Les quatre apôtres étaient Dorguth, Frauenstædt, Becker et Doss. Dorguth est appelé aussi l'évangéliste primitif.

3. Becker avait attiré l'attention de Schopenhauer sur un passage du pamphlet de Voltaire contre Maupertuis, *Histoire du docteur Akakia et du natif de Saint-Malo* : « Le candidat se trompe quand il dit que l'étendue n'est qu'une perception de notre âme. S'il fait jamais de bonnes études, il verra que l'étendue n'est pas comme le son et les couleurs, qui n'existent que dans nos sensations, comme le sait tout écolier. » Un autre passage que Becker citait d'après Voltaire était celui-ci : « Ensuite il (le natif de Saint-Malo) assure que les perceptions du passé, du présent et de l'avenir ne diffèrent que par le degré de

Je vous prie de me retourner le programme dans la huitaine, et je reste, avec la plus haute considération,

Votre dévoué serviteur

A. S.

Francfort, le 13 juin 1853.

Cher monsieur et ami, La part que vous prenez à ma récente *gloriola* me fait plaisir[1]. Je m'y attendais du reste.

Le Dr Lindner est un très jeune homme; il s'était fait recevoir à titre d'agrégé à l'université de Breslau; mais le *jus legendi* lui avait été retiré aussitôt, parce qu'on lui trouvait des opinions trop peu chrétiennes. Alors il est entré à la rédaction du *Journal de Voss*. Après une visite qu'il m'a faite l'année dernière, il est devenu non seulement un apôtre zélé, mais un évangéliste actif de ma doctrine, qu'il a déjà célébrée dans plusieurs articles de son journal. Je vous communique l'avant-dernier de ces articles : c'est la meilleure réponse que je puisse faire à la question que vous m'adressez au sujet des tables tournantes : c'est de l'eau sur mon moulin[2]. Je vous prie instamment de me retourner ce seul article, dont je n'ai pas d'autre exemplaire. Quant à la traduction de la *Westminster Review*, Lindner m'en a envoyé vingt-cinq

l'activité de l'âme. » Schopenhauer et Becker crurent trouver dans ces passages la preuve que l'idéalité des notions d'espace et de temps, que Kant s'attribuait comme une découverte, était connue avant lui dans la philosophie.

1. Cette *gloriola* était un long article qui avait paru dans la *Westminster Review* du mois d'avril 1853, sous le titre de *Iconoclasm in German Philosophy*, et que Otto Lindner fit traduire en allemand pour le *Journal de Voss*.

2. Les tables tournantes offraient à Schopenhauer une sorte d'image symbolique de ce qu'il appelait la Volonté dans la nature. Il dit dans un fragment posthume : « Une table a une volonté, quoique très faible, et qui se manifeste comme pesanteur. La volonté des personnes qui posent leurs mains sur la table l'emporte sur sa volonté, de sorte que la table n'obéit plus à sa propre volonté, mais à leur volonté à elles. » (Œuvres posthumes, publiées par Grisebach, 4e volume, *Neue Paralipomena*, § 206.)

exemplaires, dont la moitié sont encore là, de sorte que vous pouvez en avoir encore quelques-uns, si vous le désirez. C'est la femme de Lindner, une Anglaise, qui a fait la traduction ; il n'a eu qu'à y passer la lime. Sauf quelques passages, la traduction est bonne. Il l'a partagée en huit numéros, de façon à l'ingurgiter bon gré mal gré à son public par doses successives. Il a gardé la composition pour faire brocher les feuilles. Le journal a onze mille abonnés. Je lui ai conseillé néanmoins de donner le tout à un libraire qui l'imprime mieux et le vende comme pamphlet : nous verrons.

N'est-ce pas touchant de voir un jeune couple, qui m'était complètement étranger, mettre son temps et sa peine à travailler à ma gloire? Lorsqu'une grande pensée entre dans le monde, le monde se montre d'abord hostile et froid ; peu à peu elle trouve des champions dans un petit groupe d'esprits animés du même zèle. Je vous compte comme l'un des meilleurs dans ce groupe, et vous souhaite de tout mon cœur bonheur et santé.

A. S.

Francfort, le 8 mars 1854.

Très cher monsieur et ami, Je prends la liberté de vous offrir un volume, que Frauenstædt a mis à ma disposition, après que j'avais refusé de l'envoyer à un journal[1]. Si vous avez déjà le livre, veuillez me retourner cet exemplaire, afin que j'en puisse disposer en faveur d'un autre. Vous avez, du reste, un droit incontestable sur l'ouvrage, car on y laboure avec votre génisse, ou, pour mieux dire, on y tire le lièvre que vous avez levé : voyez la quatorzième lettre.

Vous vous souvenez qu'après ce que vous m'aviez dit des déclarations de Voltaire dans *Akakia*, j'avais vainement essayé de me procurer à la bibliothèque d'ici les

---

1. Il s'agit des *Lettres sur la philosophie de Schopenhauer*, qui parurent à Leipzig en 1854.

lettres de Maupertuis. J'avais ensuite parlé de la chose à Frauenstædt, qui, sans attendre que je lui en fasse la demande, s'était mis à rassembler tous les documents à Berlin, l'ancien champ de bataille des deux héros. Eh bien, il en résulte que l'importante doctrine de l'idéalité de l'espace a existé avant Kant. Je crois réellement que c'est là que Kant a pris au moins la pensée fondamentale de *sa plus brillante* découverte. Maupertuis exprime nettement la chose, quoiqu'il ne donne aucune preuve. Peut-être a-t-il lui-même quelqu'un derrière lui. En tout cas, Kant paraît être avec lui dans le même rapport que Newton avec Robert Hooke. Tout dépend toujours du premier geste [1].

Cette découverte, qui diminue fort le mérite de Kant, est très importante et gardera sa place dans l'histoire de la philosophie. Mais vos mérites à vous restent dans l'ombre. C'est ce qui arrive lorsque l'on tient sa lumière sous le boisseau, qu'on reste un apôtre muet, au lieu de devenir un évangéliste portant la bonne nouvelle.

Figurez-vous que Mme Mertens m'a écrit deux lettres très aimables, et dans la seconde elle m'annonce qu'elle m'enverra prochainement le montant de deux fermages. Qu'est-ce qui a pu la ramener tout d'un coup au sentiment de son devoir? on ne sait; mais elle dit qu'elle a eu quelque chose comme un coup d'apoplexie, ce qui est fâcheux au point de vue pathologique, mais ce qui, à un certain âge, peut exercer une influence salutaire et faire fonction d'impératif catégorique, quand la mort est devant la porte. Nous avons bien fait de ne pas plaider.

---

1. Schopenhauer souligne ironiquement les mots *sa plus brillante* (*die glänzendste*); il semble, contre son habitude, vouloir rabaisser la gloire de son maître : c'était une fantaisie que permettait la familiarité d'une correspondance. Il fallait lire entre les lignes et forcer le sens des mots pour trouver dans le *docteur Akakia* un indice précurseur de l'idéalisme de Kant. — Robert Hooke, le physicien bossu, chétif et souffreteux, était un de ces esprits qui ont des aperçus sur une infinité de choses, mais qui ne savent pas formuler avec précision les résultats de leurs expériences; il paraît avoir connu avant Newton la loi de la gravitation universelle. Maupertuis annonçait ses découvertes, vraies ou fausses, avec plus de solennité.

On imprime beaucoup sur moi, je n'en vois pas la moitié : un éloge enthousiaste dans l'*Histoire de la philosophie moderne* de Weigelt, un article plein de fiel dans les *Grenzboten* contre Frauenstædt et moi ; et les théologiens me prennent à partie. Bref, la barque est à flot.

Votre tout dévoué

A. S.

P. S. — Doss a trouvé un poste et une femme.

Francfort, le 31 mars 1854.

Cher monsieur et ami, Je suis ravi de voir combien ma philosophie vous est toujours familière, et à quel point vous en tenez tous les fils.

Le passage de Frauenstædt que vous citez m'a choqué comme vous, et votre réfutation est parfaitement juste. Le rapport de l'Idée à la *chose en soi* est clairement expliqué dans mon ouvrage principal, aux paragraphes 32 et 34[1].

En somme, voici ce que je dirais :

1. Schopenhauer avait greffé un peu arbitrairement sur son système les Idées platoniciennes, comme moyen terme entre la volonté, manifestation directe de la *chose en soi*, et la multiplicité du monde phénoménal. Le phénomène est changeant et passager ; il *apparaît*, comme le mot l'indique, dans le temps et dans l'espace. L'Idée, élevée au-dessus des conditions de temps et d'espace, est, comme la *chose en soi*, une, inaltérable et éternelle. Ce caractère commun entre l'Idée et la *chose en soi* a fait que certains disciples, moins rompus aux subtilités métaphysiques, les confondaient. Frauenstædt, malgré sa profonde connaissance de la philosophie de Schopenhauer, se laissa glisser un jour sur la même pente ; il fut redressé d'abord par Becker, ensuite par le maître lui-même. — Schopenhauer dit au paragraphe 32 de son ouvrage : « L'Idée et la *chose en soi* ne sont pas absolument identiques. L'Idée n'est que l'objectivation immédiate et par conséquent adéquate de la *chose en soi*, laquelle, à son tour, n'est que la volonté, en tant que celle-ci n'est pas encore objectivée, n'est pas encore devenue une représentation. L'Idée platonicienne est objet, chose connue, représentation : c'est par là, et par là seulement, qu'elle se distingue de la *chose en soi*. Mais elle a dépouillé les formes secondaires du phénomène, ou plutôt elle n'y est pas encore entrée ; elle a conservé cependant la forme primitive, la plus générale du phénomène, celle qui en fait

L'Idée n'est autre chose que la représentation sous forme d'intuition, la manifestation immédiate de la volonté, un degré de son objectivation, élevé au-dessus des conditions de temps et d'espace, indépendant de la multiplicité des genres et des espèces, et affranchi par conséquent des accidents et des imperfections du monde phénoménal. Pour la saisir, il faut que notre volonté propre soit éliminée de notre sens intime; mais cette élimination ne peut se faire par la volonté elle-même; elle n'est possible que par une prépondérance momentanée de l'intelligence. Le rôle spécial des différentes Idées qui président aux formes animales, tel que je l'ai expliqué dans mon traité de *la Volonté dans la nature*, n'est que la confirmation empirique de cette vérité fondamentale, que la *chose en soi*, qui se révèle dans les phénomènes, c'est le *vouloir vivre*, adapté aux conditions et aux formes diverses de sa manifestation.

Chercher des contradictions chez moi, c'est peine perdue. Tout est d'un seul jet. Je crois que le bon Frauenstædt a voulu montrer sa perspicacité. Il ne débite que des minuties, mais il faut que je lui tienne compte de ce qu'il a fait pour moi. C'est par ses efforts persévérants pendant huit années consécutives que ma philosophie est

une représentation, un objet pour un sujet. Ce sont les formes secondaires, subordonnées à cette forme primitive, qui diversifient l'Idée dans des individus particuliers et périssables, dont le nombre est parfaitement indifférent au point de vue de l'Idée. » — Le paragraphe 34 explique la manière de s'élever, par-dessus le phénomène, à la contemplation de l'Idée pure : « Lorsqu'on a renoncé à la façon vulgaire de considérer les choses, lorsqu'on a cessé de rechercher seulement leurs relations entre elles, qui se réduisent toujours en dernière analyse à leurs relations avec notre propre volonté, lorsqu'on ne demande plus quel est le lieu, le temps, le pourquoi des choses, mais qu'on veut seulement connaître leur nature..., lorsqu'on a porté toute la puissance de son esprit dans l'intuition et qu'on s'y est plongé tout entier, lorsqu'on a l'âme pleine de la contemplation d'un objet, paysage, arbre, rocher ou édifice, et que, selon une expression caractéristique, on s'est perdu dans cet objet..., alors ce qui est ainsi connu n'est plus telle ou telle chose particulière, c'est l'Idée, la forme éternelle, la manifestation immédiate de la volonté. »

enfin arrivée à l'oreille du public et qu'elle a triomphé de la cabale des professeurs.

Mais vous, qui me comprenez le mieux, si vous vouliez reprendre la réplique contenue dans votre lettre, et en faire, avec quelques additions, une critique du livre de Frauenstædt, que vous feriez paraître dans les *Heidelberger Jahrbücher*, ou dans une autre revue quelconque, oh! alors vous seriez un évangéliste actif, que dis-je? l'évangéliste canonique. Vous voulez donc, pour l'amour du ciel, sortir de ce monde sans avoir été imprimé! Quelle horreur! Vous pourriez faire aussi un compte rendu du petit livre des *Conférences populaires* de Weigelt, dont un sot ignorant vient de parler dans les *Grenzboten*[1]. Vous voulez donc toujours, comme la Prusse et l'Autriche, vous tenir là, les mains dans les poches, et rester neutre! Je n'en dis pas davantage.

J'ai reçu hier une lettre de Frauenstædt; il veut connaître votre opinion sur son livre. Je compte lui envoyer votre lettre, à moins que cela ne vous déplaise, auquel cas je vous donne trois jours pour opposer votre *veto*.

Je serai heureux de vous voir bientôt ici, et reste

Votre ami dévoué

A. S.

Francfort, le 15 mai 1854.

Cher monsieur Becker, Veuillez recevoir l'exemplaire ci-joint d'une production dont je n'ai pas à dire beaucoup de bien : *c'est le radotage d'un vieillard*[2].

Je vous prie en même temps de me retourner le livre

---

1. George Weigelt était un ancien prédicateur de la communauté catholique-allemande de Hambourg, qui fut dissoute en 1853. Il avait fait des conférences sur la philosophie moderne, dans lesquelles il donnait une place importante à Schopenhauer, et qu'il réunit en volume (*Zur Geschichte der Philosophie*, Hambourg, 1854). Schopenhauer lui adressa une longue lettre, qui est perdue.

2. En français dans le texte. — Il s'agissait de l'ouvrage de Dorguth, *Das Licht der wahrhaften kosmischen dem Irrlicht der Hegelschen Dialektik gegenüber*; Magdebourg, 1854.

de Weigelt, qui est chez vous depuis un mois. Il vient de m'écrire une lettre des plus enthousiastes, et il faut que j'aie le livre pour lui répondre. Si cependant vous aviez pris la résolution héroïque de rendre compte du livre de Weigelt, en même temps que de celui de Frauenstædt, ne vous pressez pas, car tout devrait céder devant un événement de cette importance.

Une seconde édition de *la Volonté dans la nature* paraîtra cet été.

Salutations cordiales.

A. S.

Francfort, le 20 mai 1854.

Cher monsieur et ami, Votre dernière lettre m'a confirmé dans l'opinion que vous êtes, de tous les êtres vivants, le plus profond connaisseur de ma philosophie. Vous la possédez aussi bien que moi; vous en avez les paragraphes dans votre tête, comme ceux du *Corpus juris*, et vous pouvez citer en toute occasion les passages importants.

Tout ce que vous dites du livre de Weigelt est si parfaitement juste, que je n'ai pu m'empêcher de lui envoyer votre lettre pour son instruction. Je n'ai fait qu'effacer votre nom et le mot de Mayence. Je vous communique la lettre qu'il m'a écrite, et qui est fort intéressante. Veuillez me la retourner, pour que je la fasse lire aussi à Frauenstædt.

Quant au livre de Weigelt, que je vous envoie encore une fois, vous pouvez le garder. Dans quel état est-il, hélas! Je n'ai pas encore renoncé à l'espoir que vous en ferez un compte rendu. Personne n'est aussi compétent que vous pour parler de ma philosophie. Vous pourriez prendre votre temps.

Le Dr Lindner me dit des choses incroyables de l'influence croissante de mes écrits. Il m'envoie deux numéros de *l'Écho*, une feuille musicale hebdomadaire de Berlin, où l'on polémise contre les opéras de Wagner en

Francfort, le 10 juin 1857.

Mon cher magistrat[1], La dissertation de votre fils, que je vous retourne, est en général très bonne et mérite bien d'être imprimée. Si la *Revue scolaire* du Holstein serait disposée à l'insérer, c'est ce que je ne peux savoir. Il faut toujours que votre fils essaye; peut-être le D⟨r⟩ Bahnsen pourra-t-il lui servir d'intermédiaire, quoique votre fils le critique en quelques endroits[2].

Le Livre de Seydel[3] est un misérable produit, un ramassis de phrases prises dans tous les recoins de mes œuvres, détachées de l'ensemble, détournées de leur sens, défigurées et faussées, dans le but de montrer que je ne fais que me contredire. La façon la plus vulgaire de réfuter un auteur est de le mettre en contradiction avec lui-même. La contradiction n'est ordinairement qu'apparente, et l'on prouve trop : on ne montre pas seulement que l'auteur se trompe, mais qu'il pèche contre la plus simple logique : c'est un imbécile qui ne sait ce qu'il dit. Mais le Seydel a parfaitement compris sa tâche. Ce qu'on lui demandait, ce n'était ni la vérité, ni la clarté, mais seulement qu'il me rabaissât le plus possible et par tous les moyens, bons ou mauvais. Cela lui a valu une médaille d'or et le bonnet de docteur par-dessus le marché.

Et Bæhr, avec sa belle dissertation, approfondie, étonnante pour un jeune homme de vingt-deux ans, a échoué. C'est ainsi que la faculté administre l'argent qui lui est confié. Mais elle n'a pas vu la fin. Le public auquel s'adressent mes ouvrages et ceux de mes adversaires ne se laisse pas si facilement duper. La situation changera, à la honte

1. Becker venait d'être nommé *Kreisrichter*, juge au tribunal du district ou de première instance.

2. La dissertation de Karl Becker avait pour objet la valeur éducative des mathématiques : *Ueber den Bildungswerth der Mathematik*. Elle avait été provoquée par un article de Bahnsen dans la *Revue scolaire* du Holstein : *Arthur Schopenhauers Urtheil über den Bildungswerth der Mathematik*.

3. Couronné par l'université de Leipzig.

de la faculté et à ma gloire. Ce Seydel est tellement bête.
qu'il loue une de mes paraboles, tout en l'interprétant de
travers.

Salutations cordiales.

A. S.

Francfort, le 1er mars 1858.

Très cher monsieur et ami, Tous mes remerciements
pour vos félicitations [1] et pour le pronostic que vous tirez
du livre des *Psaumes*. Que l'*Ancien Testament*, en deux
endroits, dise soixante-dix ou quatre-vingts ans, cela me
toucherait peu, si Hérodote, en deux endroits aussi, ne
disait la même chose. Mais les saints *Upanishads* disent
deux fois : « Cent ans, c'est la vie d'un homme », et
Flourens (*De la Longévité*) s'exprime de même. C'est une
consolation.

J'ai reçu, pour mon anniversaire de naissance, sept
lettres de félicitation très gentilles. Mais voilà Wiesike,
propriétaire du domaine de Plauerhof dans le Brandebourg,
l'acquéreur de mon portrait à l'huile, qui m'envoie un
grand et beau vase en argent, haut d'un pied et demi,
portant d'un côté mon nom et mon jour de naissance, et
de l'autre ces mots :

La vérité seule persiste
Et triomphe du temps :
Diamant que rien n'entame.

Je vous communique la lettre de Doss, comme il le
demande. Je vous envoie également une lettre de Harlem [2],
extrêmement aimable et naïve ; l'auteur m'avait demandé,
il y a un an, s'il n'existait pas un portrait de moi, sur quoi
je lui avais raconté le voyage que j'avais fait à Harlem
en 1803.

Le Dr Bahnsen m'écrit que la dissertation mathématique

1. Pour le soixante-dixième anniversaire de Schopenhauer.
2. Elle venait du botaniste Van Erden.

de votre fils est imprimée dans la *Revue scolaire* du Holstein, ce que je n'espérais pas d'après ce que vous m'aviez dit.

Je vous remercie des nouvelles que vous me donnez de Placidus. J'avais déjà associé son souvenir à celui du vieux Dorguth. Le voilà donc revenu à la vie[1].

L'Illustration de Leipzig m'a fait photographier. Je n'ai pas vu l'épreuve après la pose. On dit que c'est affreux.

Votre

A. S.

Francfort, le 18 janvier 1860.

Cher monsieur et ami, Voilà longtemps que je suis sans nouvelles de vous, mais je pense que vous allez bien. Je ne vous écris qu'un mot aujourd'hui, pour vous prier de ne laisser prendre aucune copie de notre ancienne correspondance philosophique et de ne vous en dessaisir sous aucun prétexte. Des raisons particulières et ma célébrité actuelle m'imposent cette précaution, qui autrement serait inutile. Je commence à sentir les inconvénients de la célébrité. Mes propos de table sont publiés dans les journaux; on fait le portrait de ma personne, la caricature, etc. C'est du commérage, de l'envie.

La troisième édition du *Monde comme volonté et comme représentation* a paru. Je n'ai plus malheureusement aucun exemplaire à vous donner; les huit dont je dispose ont été pris par les évangélistes et par des personnes à qui je n'ai pu les refuser.

Au mois d'octobre, une artiste de Berlin, Mlle Ney, est

---

1. Placidus était le pseudonyme d'un pasteur des environs de Wiesbaden, nommé Grimm, qui s'essayait à faire des épigrammes sous forme de distiques, sans avoir aucun sentiment du rythme de ce genre de poésie. Grimm osait, tout pasteur qu'il était, se dire partisan de la philosophie de Schopenhauer, et le maître le rassurait en lui représentant que le christianisme aussi était pessimiste. Les quelques lettres que Schopenhauer a adressées au pasteur Grimm se trouvent chez Schemann, p. 344-345.

venue faire mon buste, qui est très réussi. On doit en faire une réduction, qui sera mise en vente ; mais je n'en ai pas de nouvelles, et je n'en ai reçu aucun exemplaire.

Je vous envoie, dans l'espoir de vous voir bientôt, mes meilleurs souhaits et mes cordiales salutations.

A. S.

Francfort, le 26 juillet 1860.

Cher monsieur et ami, Pendant tout l'été j'espérais vous voir ici, et cela dans l'intention égoïste de vous lire la préface de la seconde édition de mon *Éthique*. Je vous l'envoie donc, avec la prière de la soumettre à votre censure juridique et de me dire si, juridiquement parlant, je ne risque rien pour les soufflets et les chiquenaudes que j'applique à l'Académie Royale de Copenhague, quelque mérités qu'ils soient[1]. J'espère que vous pourrez me retourner cette préface dans quatre ou cinq jours ; Brockhaus imprime très vite. Votre jugement littéraire sera également le bienvenu.

Votre sincèrement dévoué

A. S.

(*Briefwechsel zwischen Arthur Schopenhauer und Johann August Becker, herausgegeben von* Johann Karl Becker, Leipzig, 1883. — Grisebach, *Schopenhauers Briefe,* Leipzig, 1894.)

1. Tous les membres de l'Académie étaient coiffés du bonnet d'âne pour n'avoir pas voté une médaille au mémoire de Schopenhauer sur *le Fondement de la morale* ; ils ne jugèrent pas à propos de répondre.

A FRAUENSTÆDT [1].

Francfort, le 16 décembre 1845.

Très cher monsieur et ami, Rien ne sert de courir, il faut partir à temps : cet excellent proverbe peut s'appliquer à votre nouveau traité, que vous avez bien voulu me dédier, qui est allé à l'imprimerie longtemps avant le mien et n'en est pas encore sorti, si bien que me voilà le premier en place [2].

Mon opuscule n'est ancien que pour un tiers ; il est neuf pour les deux tiers ; je désire donc que vous le lisiez avec suite, et que vous ne retiriez pas d'abord, comme on dit, les amandes du gâteau : je veux parler des passages piquants et agressifs, qui ne peuvent produire leur impression que s'ils se présentent à l'endroit convenable, comme des coups de cravache donnés en passant. Donc, à cet égard, soyez obéissant et modérez-vous.

J'ai reçu du conseiller Dorguth, de Magdebourg, il y a quinze jours, une longue épître, avec le *Credo* de ma philosophie en vers, très nettement formulé [3]. Je vous

1. Voir la notice sur Frauenstædt dans les Conversations.

2. Le traité de Frauenstædt avait pour titre : *Ueber das wahre Verhältniss der Vernunft zur Offenbarung* (Darmstadt, 1848). Celui de Schopenhauer était sa thèse de doctorat, *la Quadruple Racine du principe de la raison suffisante*, en seconde édition, avec une préface contenant de violentes attaques contre les philosophes contemporains.

3. Sur Dorguth, voir les Conversations avec Frauenstædt, p. 24, n. 1.

communiquerai cela, si, comme je l'espère, vous venez ici pendant les fêtes, ou du moins au carnaval. Il ne faut pas que vos petits princes pourrissent dans leur nid [1]. Le théâtre d'ici, qui en ce moment est excellent, leur serait profitable pour l'acquisition de la langue allemande et sous d'autres rapports encore.

Je vous serais obligé de faire envoyer par l'éditeur un exemplaire de votre nouveau traité au susdit apôtre, mon vétéran; cela lui ferait plaisir, et je désire que mes trois premiers apôtres soient en bons rapports ensemble. Je pense bien que vous destinez un exemplaire à Becker.

Je serais heureux d'apprendre que vos yeux sont guéris.

Votre sincèrement dévoué

A. S.

Francfort, le 5 janvier 1848.

Très cher docteur Frauenstædt, Quelque regret que j'aie eu de ne pas vous voir à Noël, ce qui nous aurait permis de nous expliquer réciproquement sur nos travaux, je suis content que vous ayez été à Paris. Vous avez dû en revenir avec des impressions fécondes et durables : ces choses-là sont pour la vie. J'espère aussi que vous aurez pu consulter le célèbre oculiste Sichel. La santé avant tout !

Vous êtes parfaitement en droit d'exiger de moi une appréciation écrite du traité que vous m'avez dédié : je vous dois bien cette marque de reconnaissance. Je sais bien qu'en chantant publiquement mes louanges vous n'avez eu d'autre pensée que de rendre hommage à la vérité; et pour vous-même, vous avez donné ainsi, vous le premier, une preuve de perspicacité critique; mais cependant il y a là un acte de générosité, d'abnégation même, qui n'est pas ordinaire, et que je me plais à reconnaître.

Je considère votre écrit à deux points de vue, l'un subjectif, l'autre objectif.

____

1. Ce nid était les eaux de Kreuznach, où Frauenstædt séjournait avec les fils du prince de Sayn-Wittgenstein.

Au point de vue subjectif, je suis tout à fait heureux de voir que ma pensée a jeté de si profondes racines dans un autre esprit. Cela me prouve qu'il y a de la vie en elle, et que beaucoup d'autres esprits pourront de même s'en pénétrer dans l'avenir. Vous, Becker, Dorguth, sans parler de ceux qui transmettent leur opinion dans la conversation, vous êtes pour moi les représentants de nombreux adhérents futurs. Je prévois aussi que votre traité contribuera à faire lire le mien, et que ma philosophie en recevra une impulsion qui, selon les circonstances, pourra être plus ou moins forte. Ce qui, en tout cas, est à considérer, c'est ce que vous dites de l'importance de ma philosophie dans les controverses religieuses actuelles.

J'arrive au point de vue objectif, et je suppose d'abord que ce que vous voulez de moi, ce ne sont pas des compliments, mais la vérité. Votre écrit est, d'une manière générale, une application de ma philosophie à la crise qui agite actuellement le monde religieux et aux funestes erreurs qui ont égaré tous les partis. Cette application est tout à fait juste et très heureusement choisie. Vous montrez les écarts où se sont perdus croyants et non-croyants, pour le plus grand dommage du christianisme. Vous faites voir le noyau de la religion, alors qu'on dispute pour l'écorce. Votre démonstration est un appel suprême pour sauver le christianisme : un sauvetage qui ne pourrait être, du reste, que celui d'un navire dont on jetterait le chargement par-dessus bord pour sauver le personnel. Dans le fait, nous avons donc parfaitement raison, et la force de la vérité est immense, surtout quand elle ne fait qu'énoncer ce que tout le monde sent confusément. Vous aurez donc du succès, et votre écrit pourra faire époque dans la controverse. Mais vous heurtez de front tous les partis, et vous mettez contre vous théistes et athées, rationalistes et orthodoxes. Ajoutez que vos conclusions sont plus défavorables au protestantisme qu'au catholicisme. Finalement, il faudra bien que la vérité triomphe.

Je désapprouve certains détails. Vous séparez trop, à

mon avis, la théologie de la religion. La théologie n'est, en fin de compte, que la connaissance approfondie et la compréhension nette de la religion. Si la théologie prétend fonder le dogme par la raison, cela n'est vrai que de la théologie rationaliste, qui, par là même, verse dans la philosophie. La théologie a pour fondement essentiel la révélation, admise comme un fait donné, c'est-à-dire la foi. La foi procède de la révélation, d'où lui viennent les idées toutes faites de Dieu, de l'immortalité et de ce qui s'ensuit. La théologie n'a qu'à maintenir pures et à expliquer ces idées ; elle n'a pas, comme la philosophie, à créer d'abord son objet.

Votre dernier chapitre est sans réplique. Je suis étonné de la hardiesse avec laquelle vous procédez contre les théistes. Ce que je n'ai fait qu'indiquer, ce dont je n'ai posé que les prémisses, vous l'énoncez catégoriquement. Je ne peux pas vous blâmer, mais je crains que vous n'en éprouviez des ennuis. J'ai pour principe d'être ferme dans la pensée, modéré dans l'expression : *fortiter in re, suaviter in modo.* Mais on devient de plus en plus audacieux, et l'on fait de moins en moins de façons avec le bon Dieu.

Les exemplaires sur papier velin qui m'étaient destinés sont restés à Leipzig, et m'arrivent seulement après que j'avais fait toutes mes dédicaces sur de mauvais exemplaires. Vous cependant, mon *apostolus activus, militans, strenuus et acerrimus,* vous devez avoir un bon exemplaire, et il accompagnera ma lettre.

Je voudrais bien vous voir bientôt ici, et savoir ce que vous dites de la *palingénésie* de ma *Quadruple Racine* et des coups de fouet que j'y donne en passant. Peut-être aurai-je un mot de vous après votre retour. En attendant, je reste, avec mes sincères remerciements pour l'honneur que vous me faites,

Votre cordialement dévoué

A. S.

Francfort, le 11 juin 1848.

Mon très cher docteur Frauenstædt, Enfin j'ai de vos nouvelles, malheureusement pas bonnes, car, dans ce monde misérable, la plupart des nouvelles sont mauvaises. N'était-ce pas assez de la grande calamité générale? Fallait-il encore que la grêle s'abattît sur votre petit bonheur en herbe[1]? J'avais eu raison de vous conseiller la prudence, car « les étoiles ne mentent pas, mais ceci est arrivé contrairement à la marche des étoiles et au destin[2] ».

Quoique l'affaire ne fût pas aussi brillante que vous me la présentiez ici, c'était pour vous un bon gagne-pain. Cependant, *nihil desperandum*. Peut-être est-il arrivé au duc de Ratibor en grand ce qui m'est arrivé en petit : il a eu plus de peur que de mal. A moi aussi ces transes de mars (*die März-Angst*) m'ont imposé toutes sortes de restrictions. Ainsi, je ne fais plus de commandes de livres. Dans la tempête, on cargue les voiles. On les déploie de nouveau quand le soleil reparaît. Le soleil se montre brillamment ici, en ce moment, dans la personne de l'archiduc Jean, dont le canon va annoncer l'entrée dans la ville[3]. L'horizon s'éclaire de tous côtés. « La

---

1. La « calamité générale », c'est la révolution de mars, qui s'étendit sur toute l'Allemagne, contre-coup de la révolution française de février. Des émeutes éclatèrent à Vienne, à Berlin, à Francfort. Schopenhauer, éminemment conservateur, applaudit à la réaction qui suivit. Frauenstaedt avait obtenu la promesse d'un poste de conservateur à la grande bibliothèque de Corvey en Saxe. Le duc de Ratibor, prince de Corvey, prétexta la gravité des événements pour ajourner la nomination. Schopenhauer pense que le dernier écrit de Frauenstædt ne fut pas sans influence sur la décision du prince.

2.   *Die Sterne lügen nicht. Das aber ist*
    Geschehen wider Sternenlauf und Schicksal.
                                        SCHILLER.

3. L'archiduc Jean, oncle de l'empereur Ferdinand Ier, fut nommé vicaire de l'Empire (*Reichsverweser*) par l'Assemblée nationale le 29 juin 1848; il exerça cette fonction jusqu'au 20 décembre 1849.

raison recommence à parler, et l'espérance à fleurir[1]. »

— Les crapules ont la mine allongée. Le duc trouvera sans doute qu'il n'est pas nécessaire d'étendre les restrictions jusqu'aux *bonæ litteræ.* Quant à vous, vous auriez dû maintenir formellement votre candidature; il est vrai que vous êtes toujours sur les rangs. En tout cas, je vous conseille de refaire bientôt une demande, et de la faire adroitement. Les princes ont pour maxime de ne donner que ce qu'on leur demande.

Pour votre cabinet de lecture, je vous conseille de faire votre possible pour contenter votre public; par exemple, de laisser les journaux au moins un mois sur la table, de mettre des affiches pour commander le silence, d'avoir toujours de l'eau fraîche dans des carafes et des verres bien propres, enfin de vous contenter au début d'un mince bénéfice, pour attirer la clientèle.

Dans tout cela, il n'y a pas grand mal. Vous êtes jeune, vous avez des connaissances et du talent. Ce qui est fâcheux, c'est votre maladie d'yeux. Votre médecin ne peut-il pas du moins empêcher le mal d'empirer? Saluez-le de ma part, et dites-lui qu'il fasse son possible, afin que le travail littéraire ne vous soit pas interdit. En attendant, consolez-vous avec Herder, qui a souffert toute sa vie du même mal que vous. Seulement, ne négligez rien de ce qu'il est possible de faire.

Ma santé est toujours la même, et la postérité attendra encore un peu devant ma porte. Mais j'ai beaucoup souffert moralement pendant les quatre derniers mois. On était soucieux, inquiet; toute propriété, toute situation sociale menacée. A mon âge, on supporte difficilement ces choses-là. Sentir vaciller dans sa main le bâton sur lequel on s'appuyait toute sa vie et qu'on tenait à bon droit! Mais enfin, le mal crée son remède : *inde salus unde origo* (*malorum*), selon l'inscription que j'ai lue sur une tombe à Venise, il y a trente ans. Les Parisiens avaient trempé

---

1. *Vernunft fä   wieder an zu sprechen*
Und Hoffnung wieder an zu blühn.
                                        GOETHE.

pont, et la canaille massée devant ma maison, visant et tirant sur la troupe, qui tirait de son côté, et la maison ébranlée par la fusillade. Tout à coup, voix et détonations devant la porte de ma chambre fermée à clef. Moi, pensant que c'est la canaille souveraine, je mets la barre devant la porte. On frappe encore à coups redoublés; enfin j'entends la petite voix de ma bonne : « Ce sont seulement quelques Autrichiens », dit-elle. Aussitôt j'ouvre à ces braves amis; vingt soldats du régiment de Bohême, à culottes bleues, se précipitent à l'intérieur pour tirer de mes fenêtres sur le peuple souverain. Ils s'avisent cependant qu'ils seraient mieux placés dans la maison voisine. L'officier monte au premier étage, reconnaît le tas de gueux derrière la barricade; je lui envoie aussitôt ma grande lorgnette d'opéra, celle avec laquelle vous observiez un jour le ballon. Et c'est là, dit Aristophane, le lieu où méditent les hommes sages[1].

Que le ciel, cher ami, vous donne vie et santé!

A. S.

Francfort, le 9 décembre 1849.

Mon cher et fidèle docteur Frauenstædt, Vous avez pris une fois de plus si vaillamment et si noblement la défense de ma philosophie, que je ne puis m'empêcher de vous en exprimer ma reconnaissance[2]. Vous vous êtes bien adressé : la feuille est beaucoup lue, et ce serait bien étonnant si vos articles ne me procuraient quelques centaines de lecteurs. Qu'est-ce que je demande de plus? Le fil conducteur est bien suivi, et j'attends l'effet sur le public. Les professeurs de philosophie en seront fort irrités. Ils ressemblent maintenant à des

1. Aristophane, dans la première scène des *Nuées*.
2. Frauenstædt avait recueilli, dans une série d'articles, sous le titre de *Stimmen über Arthur Schopenhauer*, tous les témoignages caractéristiques sur la philosophie du maître (*Blätter für litterarische Unterhaltung*, chez Brockhaus, à Leipzig, 1819).

gens qui, dans un coin obscur de la salle, reçoivent continuellement des chiquenaudes, mais se gardent bien de crier, se tiennent bien tranquilles, pour qu'on ne s'aperçoive de rien ; et voilà que vous venez avec une lumière pour éclairer la scène. De la deuxième édition de ma *Quadruple Racine* ils n'ont même cité le titre dans aucune de leurs feuilles littéraires, ce qui est pourtant admis pour toute nouvelle édition. Non, chut, chut! pas un mot! Se taire, étouffer. Mais, *dies irae!* Le jour de la colère viendra :

> Le ciel et la terre nous font la nique :
> Nous sommes irrémédiablement perdus [1].

Je voudrais voir ce qui se passe dans le conseil de guerre de ces messieurs; leur embarras doit être indescriptible.

Je vous ai reconnu immédiatement, mon cher, et le docteur Emden a fait de même. Mais il ne s'ensuit pas que d'autres vous reconnaissent : nous, nous pensons tout de suite à vous. Maintenant, puisque le soleil même n'est pas sans tache, je vous dirai ce qui m'a déplu un peu, mais réellement très peu, et le docteur Emden a eu la même impression. D'abord, vous vous étendez trop sur l'exécution que j'ai faite des professeurs de philosophie; il s'ensuit que le lecteur qui ne connaît pas mes écrits doit penser que je fais, après chaque demi-page une sortie furieuse contre les pécheurs, tandis que cela arrive à peine en dix endroits, mais courts et bons : c'est donc là une exagération. Deuxièmement, vous n'avez pas nommé Dorguth; il ne vous le pardonnera jamais, et il aura raison. N'est-il pas le premier qui m'ait loué avec enthousiasme? Et depuis, il ne s'est pas lassé. Pourquoi oublier ce bon vieillard, à qui quelques lignes auraient fait grand plaisir? Toujours le même système d'étouffer sous le silence! Vous me répondrez peut-être que vous

____

1. *Himmel und Erde uns Esel bohren :*
   Wir sind unwiederbringlich verloren.
   GOETHE.

n'avez pas cité votre propre livre sur moi. Je vous dirai que l'on peut disposer à son gré de sa propriété, mais non de celle des autres. Voilà le registre de vos péchés qui est clos. Je comprends du reste que si vous aviez parlé de Dorguth, votre silence sur vous-même aurait pu surprendre. Vous auriez dû vous tirer d'affaire d'une autre manière.

Je pense que M. de Doss, de Munich, est allé vous voir au commencement de mai; je l'ai chargé de vous saluer de ma part. Mais j'ai un scrupule : en passant par Dresdé, où il devait s'arrêter d'abord, il est peut-être tombé au milieu des terribles jours d'émeute, et il sera revenu sur ses pas. Ce serait dommage. Pour la parfaite connaissance de mes écrits et pour le sentiment de la vérité de ma doctrine, il est au moins votre égal, s'il ne vous dépasse pas. Son zèle est indescriptible et m'a fait grand plaisir. Il passe ordinairement quinze jours ici, pour pouvoir seulement me voir tous les deux jours. Malheureusement, il ne fait encore rien imprimer : il n'a que vingt-six ans. Mais c'est un apôtre écrivain; il écrit même à des gens qu'il ne connaît pas, pour les engager à me lire. Il n'est pas une ligne où il est question de moi qui lui soit inconnue. N'a-t-il pas été hors de lui quand je lui ai parlé d'un article daté de 1821 qu'il ne connaissait pas encore? Il s'est mis aussitôt à le rechercher. Il étudie le bouddhisme, et il a copié de sa main les Mémoires de Schmidt à l'Académie impériale russe[1]. Je vous le dis, c'est un fanatique.

Chez moi, tout est comme par le passé; je suis bien portant comme toujours, je travaille assidûment à mes œuvres mêlées, qui doivent être prêtes pour l'impression au printemps prochain. Alors nous penserons à trouver un éditeur. J'ai perdu mon cher, grand, bel épagneul, il est mort de vieillesse, il avait près de dix ans. J'en ai été profondément attristé.

Je suis heureux d'apprendre que vos yeux ne vont pas

---

1. Isaac-Jacques Schmidt, conseiller d'État russe, membre de l'Académie de Pétersbourg, a fait d'importants travaux sur la langue, la littérature et la religion de la Mongolie et du Thibet.

plus mal; votre activité littéraire en est la preuve. Puisse votre situation s'améliorer, c'est ce que souhaite de tout cœur

Votre ami

A. S.

La ville est en train de publier un *Gœthe-Album*, dans lequel toutes les notabilités littéraires et même politiques de l'Allemagne doivent s'immortaliser, et qui restera à la Bibliothèque municipale. On m'a envoyé aussi une feuille en parchemin, et j'en ai couvert les deux côtés d'une horrible philippique, cette fois-ci contre les physiciens. Ceux-ci, en effet, se sont comportés avec la théorie des couleurs de Gœthe comme les professeurs de philosophie avec ma philosophie. Comme je suis sûr de mon affaire, je me suis exprimé si nettement que cela fera scandale. Gœthe, qui considère du haut du ciel l'album de sa ville natale, aura certainement plus de plaisir à mon coup de foudre qu'à toutes leurs flagorneries; il dira : « Tu es mon fils bien-aimé, en qui j'ai mis toute mon affection », et il comprendra qu'il a obéi à une divine inspiration supérieure lorsque, en 1813, il m'a désigné comme son disciple, prévoyant que « un vengeur naîtrait de ses cendres » :

Exoriare aliquis meis ex ossibus ultor [1].

L'album sera probablement imprimé, je vous recommande donc ma philippique, qui fâchera bien des gens.

A. S.

Francfort, le 16 septembre 1850.

Mon cher docteur Frauenstædt, J'ai encore à répondre à votre lettre du mois de décembre dernier. J'ai toujours différé ma réponse, comptant voir paraître votre article

---

[1]. *Exoriare aliquis nostris ex ossibus ultor.*

VIRGILE, *Enéide*, IV.

sur Dorguth et pouvoir vous en dire mon avis. J'attribue ce retard à l'habitude qu'ont les directeurs de revue de laisser souvent traîner les articles, et je n'ai donc pas renoncé à l'espoir de vous lire. J'ai bien lu vos précédents articles dont vous me parlez, mais leur contenu ne m'est plus présent. Par contre, j'ai vu avec grand plaisir, dans la *Neue Litteraturzeitung* de Halle, votre compte rendu de *l'Esprit dans la nature* d'OErstedt, où vous êtes tout à fait dans la note fondamentale de ma philosophie, et dont par conséquent je ne peux qu'être content. Je n'ai qu'à louer ici; cependant j'aurais voulu que vous fissiez sentir le contraste qu'il y a entre son *Esprit* dans la nature et ma *Volonté* dans la nature. Son idée fondamentale, telle que je la connais d'après trois ou quatre comptes rendus, n'ayant pas lu le livre, c'est qu'il y a dans tous les êtres de la nature quelque chose d'analogue à l'intelligence de l'homme. Or, c'est là l'erreur fondamentale. J'ai signalé, quant à moi, dans tous les êtres de la nature, un élément primordial qui correspond à notre volonté, et qui n'est armé d'intelligence que dans les espèces animales. C'est ce que vous auriez pu expliquer et faire ressortir. Cet OErstedt est connu dans le monde entier; la seule chose qui m'étonne, dans les expériences qu'il a faites, c'est que cent autres ne les aient pas faites avant lui; elles ont eu, du reste, des résultats féconds[1].

Je suppose que vous possédez le livre du docteur Mayer de Mayence sur *l'Irritabilité de la moelle épinière*, dans lequel il a consacré quelques pages à ma philosophie, en m'élevant aux nues. Il blâme cependant mes sorties contre les philosophes. Mais il s'est rétracté après la visite qu'il m'a faite cette année, et il m'a donné complètement raison, disant que la conduite de ces messieurs

---

[1]. Il est rare qu'après une découverte on ne s'étonne pas qu'elle n'ait pas été faite plus tôt. Les expériences du physicien danois OErstedt sur les rapports de l'électricité et du magnétisme ont aujourd'hui leur place marquée dans la science. OErstedt avait, du reste, outre ses titres scientifiques, des vues de philosophe et même des fantaisies de poète.

était infâme. Il était particulièrement indigné de ne pas trouver un mot sur moi dans la troisième édition de l'*Histoire de la philosophie* de Reinhold [1].

Doss est venu me voir cet été, se rendant à Bruxelles, et à son retour il s'est arrêté plusieurs jours ici, il m'a même mis fort à contribution. Quoi que vous puissiez dire, il est plein de zèle et m'est fort attaché. Je lui ai donné un exemplaire de mon *Éthique* pour le conseiller Perner de Munich, le célèbre président de toutes les sociétés pour la protection des animaux, qui m'a répondu par une lettre fort enthousiaste et m'a promis sa visite.

Et maintenant, une grande nouvelle. Mes œuvres mêlées sont enfin finies et parachevées, après un travail journalier de six années. Mais — impossible de trouver un éditeur. C'est l'effet de la résistance passive des professeurs. J'ai offert le livre à la librairie Hermann d'ici, à Brockhaus, à Dieterich de Gœttingue, et quoique je n'aie pas demandé d'honoraires, on n'en veut pas. Par contre, Brockhaus imprime deux volumes de morale de Chalybæus [2]; on publie un *Système de la science* de Rosenkranz, du bavardage hégélien; et les absurdités de Herbart paraissent dans une édition complète en 12 volumes [3]. Mon cas est

1. Schopenhauer, dans sa lettre au critique anglais Francis Haywood, se réfère lui-même à l'*Histoire de la philosophie* d'Ernest Reinhold. Il est probable que le Dr Mayer avait devant les yeux un autre ouvrage de Reinhold, l'*Histoire de la philosophie dans les phases principales de son développement* (Leipzig, 1849), qui s'arrête en effet à Hegel.

2. Heinrich Moritz Chalybæus se fit surtout remarquer par ses conférences philosophiques à Dresde, d'où sortit son ouvrage principal, *Historische Entwickelung der spekulativen Philosophie von Kant bis Hegel* (Dresde, 1836); il fut plus tard professeur à l'université de Kiel. Il s'appliqua surtout à concilier la philosophie nouvelle avec le théisme.

3. Herbart était mort en 1841; il avait enseigné pendant trente-deux ans à Kœnigsberg. C'était un esprit positif, inclinant au réalisme, un critique tranchant, traitant de pures illusions les systèmes ambitieux qui bâtissaient tout le savoir humain sur un principe unique. Schopenhauer pouvait le considérer comme un allié aussi longtemps qu'il guerroyait contre Fichte, Schelling et Hegel; mais Herbart n'admettait pas plus le *vouloir vivre* universel que l'idée absolue, ou l'absorption du non-moi par le moi, ou l'identité des contraires. Il voulait que

contrariant, mais non pas humiliant, car les journaux
viennent d'annoncer que Lola Montès a l'intention d'écrire
ses Mémoires, et déjà des éditeurs anglais lui ont offert de
grosses sommes. Voilà où l'on en est.

Je ne sais vraiment pas ce que je puis faire encore, et
si mes œuvres mêlées ne sont pas destinées à devenir des
œuvres posthumes : alors elles ne manqueront pas
d'éditeurs. En attendant, je vous écris expressément
aujourd'hui pour vous demander si vous, qui êtes mon
Théophraste et mon Métrodore, vous ne seriez pas
capable de me dénicher un éditeur parmi les nombreux
libraires de Berlin. Au cas où vous voudriez en tenter
l'aventure, j'ajoute à ma lettre la table des matières de
l'ouvrage. En y jetant un regard, vous verrez que le livre
est écrit dans un ton plus populaire que les précédents, et
qu'il y aurait peut-être là de quoi tenter un éditeur. Je
pourrais l'appeler, d'après la plus grande partie de son
contenu, mon « Philosophe pour le monde[1] ». Je pose
comme unique condition que l'impression soit convenable,
en caractères allemands et non latins, ni plus petite ni plus
serrée que celle de mes deuxièmes éditions. Je tiens aussi
à ce qu'on me soumette toutes les épreuves. On peut tirer
à sept cent cinquante exemplaires, mais l'éditeur renon-
cera à tout droit sur une seconde édition. Pour moi, je ne
demande que dix exemplaires sur bon papier. Enfin, il
faudra qu'on me soumette un specimen avant d'imprimer.
On aurait le plus de chance de réussir auprès d'un éditeur
ayant une imprimerie à lui.

Si vous réussissiez, vous auriez rendu un vrai service à
moi et à la philosophie. J'ai renoncé à tout jamais à être
mon propre éditeur, et quant au « posthume », nous ne

chaque science eût son fondement à elle et ses lois particulières. Il a
eu des disciples, comme Drobisch et Hartenstein, et sa philosophie a
longtemps régné à l'université de Leipzig.

1. *Der Philosoph für die Welt* (2 vol., Leipzig, 1775-1777), de Jean-
Jacques Engel, est un ouvrage de philosophie pratique, un recueil de
récits et de dialogues, touchant aux différentes relations de la vie
bourgeoise.

sommes pas pressés : je me porte à merveille, et je suis encore aussi vaillant que le jour où je vous entraînais à une promenade à travers la nuit, la neige et la tempête. Répondez-moi bientôt, et n'affranchissez pas, puisque enfin ce sont mes affaires que vous traitez. Donnez-moi de bonnes nouvelles de vous-même, c'est ce que souhaite de tout cœur

Votre vieil ami

A. S.

Francfort, le 30 septembre 1850.

Mon cher docteur Frauenstædt, Vous êtes un vrai et fidèle ami et de toute façon *optime meritus de nobis et philosophia nostra*. Merci de tout cœur de la peine que vous vous êtes donnée pour me procurer un éditeur. J'espère que cet homme fera une bonne affaire, car bien des pages, notamment les *Aphorismes sur la sagesse*, qui tiennent presque la moitié du premier volume, sont écrits dans un ton très populaire. Mais les temps sont mauvais pour de tels livres; nous sommes plongés jusqu'au cou dans la politique.

Je ne puis naturellement pas envoyer le manuscrit avant que le contrat soit signé et que j'aie vu un specimen. Ensuite je l'enverrai directement à l'éditeur. La dernière révision, qui m'occupe depuis plus de trois mois, sera certainement terminée dans une huitaine. Si l'éditeur, pour une raison quelconque, voulait différer l'impression, j'aimerais mieux garder encore le manuscrit, au lieu de le laisser séjourner chez lui; je pourrais encore changer ou ajouter çà et là quelque chose. Je me sépare à regret de ce dernier ouvrage, puisqu'après cela je me tairai.

Lisez à Hayn les conditions du contrat d'une voix tonnante. Je n'en démordrai pas. Je suis vraiment peu exigeant pour un ouvrage qui, pendant six ans, m'a pris les deux meilleures heures de chaque matinée, sans compter les études préparatoires qui se sont accumulées pendant plus de trente ans de ma vie, car des choses

comme celles que j'écris ne s'improvisent pas. Où y a-t-il
dans la littérature allemande un livre comme le second
volume du *Monde comme volonté et comme représentation*,
qu'on peut ouvrir à n'importe quelle page, étant sûr d'y
trouver toujours plus de pensées qu'on n'en peut saisir à
la fois? — Fi, mon vieux, ne te vante pas trop! — Enfin je
veux que l'éditeur s'engage à n'accompagner l'annonce
du livre d'aucun éloge, d'aucune recommandation,
d'aucun commentaire d'aucune sorte. Il peut y joindre
la table des matières, si cela lui plaît.

Je vous approuve de vouloir une bonne fois donner un
vigoureux coup de balai dans le herbartianisme : « vous
répondez par là à un besoin généralement senti ». C'est
une chose insupportable de voir comment Drobisch,
Hartenstein et consorts font gober au public et aux étudiants un ramassis d'absurdités, qu'on donne comme de
la vraie et authentique philosophie. Ma connaissance de
cette philosophie est toute générale, car la patience m'a
toujours manqué pour lire les écrits de Herbart. C'est
pour moi une vraie pénitence de suivre la marche des
idées d'un tel cerveau fêlé. Voici cependant ce qui me
vient justement à l'esprit :

1° Chez lui, l'homme a une âme qui est une monade, un
être essentiellement et primitivement *connaissant*, et rien
de plus. Quant à la volonté, l'âme n'en a pas par elle-
même; la volonté est chez elle un pur résultat de l'expérience et de la pensée. Cette première méprise est une
absurdité sans pareille.

2° Cette âme est un champ clos où toutes sortes de
représentations, obéissant à leurs lois mécaniques, se
rencontrent, se contrarient ou se favorisent. Sur ces
données imaginaires on base des analyses très compli-
quées, comme s'il s'agissait de la quantité et non de
l'essence des choses. On fait même intervenir les mathématiques, pour donner au raisonnement une apparence
d'exactitude et de profondeur, et l'on croit ainsi naïve-
ment tenir quelque chose!

3° On trouve des contradictions dans les idées fondamentales des sciences, mais ces contradictions on les y met, pareillement au fameux sophisme de Zénon d'Élée [1]. Ce qui est tiré de l'expérience ne peut pas être contradictoire. Les lettres de Herbart sur la liberté sont particulièrement misérables [2].

Souhaitant de tout cœur que vos yeux s'améliorent, je reste

Votre ami

A. S.

Francfort, le 16 octobre 1850.

Mon cher docteur Frauenstædt, Je suis très étonné de n'avoir pas encore de réponse à ma lettre du 30 septembre, où je vous demandais communication du contrat, avec un spécimen de l'imprimerie et l'indication de la date à laquelle je dois envoyer le manuscrit. Je suis dans la situation d'une femme enceinte qui attend la sage-femme. Je m'épuise en conjectures sur la cause de votre silence, et j'espère qu'elle ne tient pas à un de ces accidents imprévus auxquels il faut toujours s'attendre dans ce monde charmant. Rassurez-moi bientôt, si déjà une lettre n'est en route.

Mon traité sur la philosophie universitaire [3] est comme un cheval de bataille qui hennit à l'écurie et qui demande à sortir. Les professeurs de philosophie n'auront jamais

1. Zénon d'Élée prétendait prouver l'impossibilité du mouvement par l'infinie divisibilité de l'espace : un espace donné ne peut être parcouru que si toutes ses parties le sont; or elles ne peuvent l'être, étant en nombre infini.

2. Herbart avait l'habitude d'outrer les doctrines qu'il combattait, de les pousser au paradoxe, pour les réfuter d'autant plus facilement. Schopenhauer, de son côté, n'a aucune mesure dans le blâme, et il a le tort, plus grand, de ne pas lire ses adversaires, et de les condamner sur de simples comptes rendus. — Pour Herbart, la liberté est *acquise*, aussi bien que la raison. Pour Schopenhauer, elle appartient essentiellement à la volonté, et n'est limitée que dans son contact avec le monde extérieur.

3. Compris dans le premier volume des œuvres mêlées, qui finirent par prendre le titre de *Parerga et Paralipomena*.

n'est plus bonne que pour les pasteurs de campagne et les
maîtres d'école, et c'est la sagesse de Hegel qui est la
vraie lumière du monde! Oh les polissons! Qui est celui-ci,
je n'en sais rien; je suppose seulement avec grande raison
que c'est le même qui autrefois a fourni aux *Jahrbücher*
de Halle ce joli article sur moi. Ce qui me le fait penser,
c'est que, ici comme là, il trouve mauvais que j'aie
comparé ma philosophie à une Thèbes aux cent portes,
ce qui est pourtant une image bien naturelle pour dire
qu'on peut aborder ma philosophie par différents côtés,
une image qui, du reste, n'a jamais choqué personne. Ce
qui est incontestable c'est que c'est un homme d'ici, car,
dans son article, il fait plusieurs fois allusion à mon chien.
Le docteur Emden soupçonne tantôt celui-ci, tantôt
celui-là. Ce sont là les beaux fruits de l'anonymat[1].

On m'annonce qu'il est question de moi dans deux
nouveaux livres: 1 *Deutschlands Denker* (Dessau), 2 *Buch
der Weltweisheit* (Leipzig).

Avant hier se présente à moi, à l'hôtel d'Angleterre, un
docteur Œchsner de Bamberg « ci-devant rédacteur au
Ministère des affaires étrangères de l'Empire d'Allemagne », c'est à dire de l'archiduc Jean-sans-terre, et il
me demande le catalogue de mes écrits. Il y a, en effet, à
Paris, un monsieur Chevrier, élève de feu l'aronguière,
qui avec quelques autres, constitue une école opposée à
celle de Cousin. Ces messieurs ont chargé le docteur susdit de faire un exposé de ce qu'il y a de plus récent dans
la philosophie allemande. Il veut donc m'étudier. Son
exposé paraîtra probablement au *Journal des Débats*. Je
lui ai donné la liste de mes écrits. Ce sera du beau bavardage! Peu m'importe. Il sait parfaitement l'allemand et le
français, comme je m'en suis assuré[2].

Je vous remercie tous et votre frère pour la peine que

---

1 Sur l'article des *Hallesche Jahrbücher*, qui n'était pas du même
auteur que celui de la *Gazette*, voir la correspondance avec Becker,
t. 428.

2 Dans une autre lettre, Schopenhauer écrit : « Le D[r] Œchsner doit
traduire en allemand mon *Handbuch*. »

vous vous donnez pour me procurer un buste de Kant.
Veuillez donc m'en commander un chez Rauch. Cinq
thalers, c'est beaucoup pour un plâtre, mais soit. Posez
seulement comme condition que le buste me soit livré ici
en bon état, franc de port et d'emballage, après quoi je
réglerai immédiatement l'envoi. Recommandez-lui le plus
grand soin, en lui disant que c'est pour le vrai et authentique héritier du trône de Kant. Mon adresse est : *Schöne-
Aussicht* N° 17. La révolution a changé les numéros des
maisons; c'est la seule chose d'elle qui mérite de rester.
Comme, du haut de mon pupitre, il abaissera ses regards
sur moi !

Je ne connais le monument de Frédéric le Grand que
par la gravure; je ne peux donc en juger que par
l'ensemble. Le roi ne savait rien ou presque rien de
Kant. Quant à Lessing, voici ce que m'a rapporté le
docteur Passavant, qui est de mon âge. Il avait entendu
dire, au temps de sa jeunesse, par la sœur de Lessing,
que celui-ci avait eu un jour une audience du roi, et, en
sortant, il avait été tellement exaspéré qu'il avait arraché
sa perruque et l'avait jetée par terre. Il est également
scandaleux et révoltant que le vrai ami du roi et son frère
spirituel, le grand, magnifique et immortel Voltaire, soit
oublié. Qu'ils se soient brouillés, c'est une mauvaise
excuse, car cela n'a pas empêché le roi, à la mort de
Voltaire, de prononcer lui-même son éloge devant l'Académie de Berlin. Mendelssohn aussi devrait figurer sur
le monument; le roi le faisait souvent venir pour s'entretenir avec lui, mais le sculpteur a fait, comme ce lieutenant poméranien, qui a empêché Mendelssohn de
franchir la porte de l'Opéra, parce qu'il était Juif[1].

De nombreuses histoires populaires de la philosophie,
qui se fabriquent et s'impriment malgré les rebuffades

---

1. Tout ce passage se rapporte à la statue équestre de Frédéric II
sur l'Allée des Tilleuls à Berlin. Les bas-reliefs du socle représentent
les principaux personnages de son règne, les généraux et les diplo-
mates sur le devant et aux côtés, quelques savants et hommes de lettres
sous la queue du cheval.

des éditeurs, sans compter les deux que je vous ai
nommées, sont une preuve du déclin de la foi religieuse :
on a maintenant recours aux philosophes.

Tous mes vœux pour votre santé.

Votre ami

A. S.

Francfort, le 10 octobre 1851.

Mon cher ami. Je vous remercie de la peine que vous
vous êtes donnée pour l'achat d'un buste de Kant. La
pilule est amère. mais il faut bien que je l'avale, puisque je
me suis mis la chose en tête et qu'il s'offre une occasion.
Commandez donc le buste ; je paierai encore le port et
l'emballage. Si vous pouvez obtenir une réduction, cela
me sera agréable. En tout cas. posez comme condition
expresse que le buste voyagera sous la responsabilité de
Rauch. Je ne paierai que quand je le verrai sans accroc
ni blessure devant moi : je ne donne rien pour des
tessons brisés. Au reste, que les gens prennent leur
temps. afin que le moulage soit fait avec soin et bien
séché. Cela importe beaucoup : il y a moulage et moulage : c'est pour cela que ceux de Mengs à Dresde sont si
renommés. Je tiens à ouvrir la caisse moi-même, et je
paierai après cela à l'adresse qu'on m'indiquera.

J'ai vu les deux histoires populaires de la philosophie
que j'ai mentionnées dans ma dernière lettre. et j'ai lu
ce qui me concerne. Toutes les deux parlent de moi
favorablement, mais brièvement, tandis qu'elles s'éten-
dent longuement sur des platitudes, selon l'ordinaire.
C'est dans le *Livre de la Sagesse* que je suis le mieux
traité : il y est dit à la fin que nous entrons dans une
période nouvelle. qui prend son point de départ non plus
dans l'intelligence, mais dans la volonté. et que l'auteur
de cette révolution c'est moi. Très bien. Comme c'est
agréable, quand on a soixante-quatre ans, d'être présenté
comme un enfant nouveau-né qui fait son entrée dans le
monde! Voici un passage remarquable, sur lequel vous

pourrez peut-être me renseigner : « Arthur Schopenhauer,
auquel se rattachent deux champions de sa philosophie,
Voigtlænder et Frauenstædt.... » Qui, je vous le demande,
qui au monde est ce Voigtlænder, dont je n'ai jamais
entendu parler ni lu une ligne? Si vous savez ou si vous
pouvez apprendre quelque chose de lui, je vous prie
de m'en faire part immédiatement, sinon par télégraphe,
du moins par poste accélérée. Aurais-je par hasard un
apôtre qui puisse se comparer à vous, ou même qui vous
soit supérieur? Je crains qu'il n'y ait là une grosse
erreur. Mais renseignez-moi, car, vous le savez, il faut
que vous lisiez tout ce qu'on écrit sur moi : cela est
indispensable.

Ces petits messieurs ne manquent pas non plus de
donner des notices biographiques sur moi. En voilà un,
par exemple, qui veut savoir le nom de famille de ma
mère. On n'a jamais fait cela que pour Kant et Jacobi.
Un certain lieutenant et docteur est venu m'ennuyer
pendant deux heures; il veut mettre au monde un produit
philosophique sous le titre de *Panmonothéisme*; ce brave
homme n'a lu ni Kant ni moi.

Dans les *Annonces* de Munich, on chante les louanges de
Chalybæus; tous les journaux portent aux nues l'*Éthique*
de ce pécheur. Considérez, d'un autre côté, que mon
Éthique à moi n'est mentionnée dans aucune des revues
en vogue, si ce n'est dans le *Répertoire* de Leipzig, qui a
pour devoir d'être complet, et là encore très brièvement
et avec l'intention sournoise de la citer comme un
produit négligeable et sans importance, et vous com-
prendrez que je les traite de coquins méprisables. Mais
gare! mon traité sur la philosophie universitaire va sortir
du four, et ils verront ce qui les attend.

Quand l'impression de mon second volume sera
terminée, veuillez rappeler à Hayn qu'il doit m'envoyer
ici mes neuf exemplaires sur papier velin (le dixième est
pour vous), afin que je puisse les distribuer. Mes meilleurs
souhaits.

A. S.

Francfort, le 30 octobre 1851.

Mon cher ami, Kant est installé sur mon pupitre, sain et sauf; c'est en même temps, pour moi, un témoignage constant de votre complaisance. Il est sans doute difficile de reconnaître sa grandeur intellectuelle : il avait soixante-dix ans quand le buste a été fait. Ma satisfaction n'en est pas moins grande.

Je ne peux pas vous refuser mon portrait au daguerréotype. Vous l'avez amplement mérité, et je tâcherai d'y pourvoir. Des quatre que vous connaissez, le meilleur est parti; j'ai dû le donner à Mme Mertens de Bonn, à qui j'ai de grandes obligations. Mme Mertens léguera ses collections artistiques à des établissements publics; mon portrait ne risquera donc pas de tomber entre les mains des philistins. Je vous prie de prendre les mêmes précautions pour le portrait que je vous donnerai. J'en ferais bien faire une demi-douzaine, mais l'artiste d'ici est un grossier et insupportable lourdaud, dont la seule présence me fait faire la grimace. L'été dernier, je posais un jour devant son appareil, et il s'est comporté de telle sorte que je me suis levé en sursaut; j'ai pris mon chapeau et ma canne et je me suis sauvé. Il est malheureusement ici le seul qui ait de bons appareils. J'ai fait faire par d'autres deux grandes photographies; elles sont peintes avec grand soin, mais ce sont d'affreuses caricatures. Chose singulière, la première fois que je considérai l'un de ces portraits, je me trouvai une ressemblance avec Talleyrand, que j'avais vu souvent en 1808. Peu de jours après, j'étais à table avec un vieil Anglais, qui, après quelques minutes de conversation, me dit : « *Sir*, dois-je vous dire à qui vous ressemblez? C'est à Talleyrand, que j'ai beaucoup vu dans ma jeunesse. » C'est curieux, mais c'est littéralement exact. Je ne veux pas vous envoyer les caricatures que j'ai ici; vous aurez le même portrait que Mme Mertens; j'ai là un air indigné, comme si je venais d'écrire le traité sur la philosophie universitaire. Faites-lui honneur, car vous ne me verrez plus jamais aussi jeune. Pourquoi le ciel ne nous envoie-t-il pas un portraitiste français? Il n'y a rien à faire avec ces Allemands, ce sont des ânes bâtés.

Je me suis renseigné sur la production de ce Voigtlænder, mais je n'ai pas encore pu l'avoir. Si c'est là un de mes apôtres, c'est mon Judas. Je me souviens des citations que vous m'en avez faites, au moment où le livre a paru, et même de l'avoir feuilleté. L'auteur rejette ce principe que l'on peut supprimer par la pensée tous les objets qui sont dans l'espace, mais non l'espace même; c'est pourtant une vérité qui a été bien établie par Kant, et qu'il y aurait de la folie à contester. Mes souvenirs ne vont pas plus loin.

Dans les *Jahrbücher* de Heidelberg, M. Reichlin-Meldegg nous enseigne que l'espace est « le simple rapport entre les objets »; c'est ignorer l'A B C de la philosophie de Kant. Et ces gens vivent de la philosophie! Ah! si j'étais le grand-duc de Bade[1]! Mais que serait-ce si par hasard un étudiant connaissant à fond son Kant s'avisait de redresser M. le professeur et de lui dire : « Il en résulterait, mon bon, que si les objets disparaissaient, l'espace disparaîtrait aussi »? Ainsi font-ils depuis le premier jusqu'au dernier : ne rien savoir et ne rien apprendre, surtout ne pas penser, et réciter leur boniment du haut de leur chaire comme des apprentis.

J'ai lu la première partie de votre article sur Feuerbach, et je vous remercie de la mention que vous faites de moi. Votre style, dès la première page, m'a rappelé celui de

---

1. Qu'aurait-il fait? Aurait-il fermé la bouche à Reichlin-Meldegg pour avoir osé dire que l'espace est un simple rapport de distance entre les objets ou entre les parties d'un objet? Il y a des cas où Schopenhauer oublie lui-même le *suaviter in modo*. — Le baron Charles-Alexandre de Reichlin-Meldegg, professeur à la faculté de théologie catholique de Fribourg-en-Brisgau, et prêtre, passa au protestantisme, à la suite d'une remontrance qu'il reçut de l'archevêque de Fribourg; il enseigna ensuite à l'université de Heidelberg. Il est l'auteur d'une Psychologie et d'une Logique. Il a raconté sa vie sous ce titre : *Das Leben eines ehemaligen römisch-catholischen Priesters* (Heidelberg, 1874).

Fichte, et je suppose que vous avez dû lire Fichte au moment où vous écriviez cela. Que vous ayez pris le théisme à partie, je n'y vois aucun inconvénient, mais j'aurais voulu que vous observiez le *suaviter in modo*. On peut tout dire sans effaroucher et scandaliser les gens. Vous êtes trop absolu dans vos affirmations; il y aurait partout des réserves à faire. Lorsqu'on dépasse la stricte vérité, le lecteur ne vous croit plus.

Voilà onze jours que je n'ai pas reçu d'épreuves. Auparavant je recevais quatre feuilles tous les deux jours. Cependant nous approchons de la fin. Bien des gens seront vexés. Je voudrais que vous m'écriviez ce que vous pensez du tout.

Je vous souhaite joie et santé.

A. S.

Francfort, le 11 janvier 1852.

Je ne peux m'empêcher, mon cher ami, de vous rendre attentif à la première véritable critique qui ait été faite de mes *Parerga*; elle se trouve là où personne ne la chercherait, dans le nouveau Journal des Modes de Hambourg, *les Saisons*. La rédaction a eu l'amabilité de m'envoyer l'article; il prend plus de deux colonnes d'un grand format en petits caractères. Le ton est extrêmement élogieux d'un bout à l'autre, presque enthousiaste, et c'est très joliment écrit. Il vous sera facile, à Berlin, de vous procurer le numéro. Lisez cela, cela vous fera plaisir. Le docteur Œlsner fait une petite annonce des *Parerga* pour le *Journal des Débats*. Le temps des politiciens d'estaminet est passé, on revient à la littérature.

A bientôt de vos nouvelles.

A. S.

Francfort, le 11 mars 1852.

Cher ami, Recevez mes remerciements pour les éloges que vous faites encore de moi, à propos des *Parerga*[1].

---

1. Dans les *Blätter für litterarische Unterhaltung*.

Votre exposition est bonne, faite avec soin, et telle en général que je pouvais l'attendre de vous. Je crois qu'elle produira de l'effet, car on sent qu'elle est inspirée par une conviction sincère. Une seule chose m'a fâché : vous dites que si l'on m'a longtemps ignoré, c'est en partie de ma faute, par suite de mes attaques contre les professeurs de philosophie. Mais vous savez bien que ces attaques ne datent que de 1847. Jusque-là, c'étaient de simples traits satiriques lancés en passant. De 1813 à 1847, j'avais vainement attendu quelque justice de la part de ces misérables : cela fait trente-quatre années de patience ! Rappelez-vous seulement votre propre étonnement, lorsqu'un hasard vous fit découvrir mon existence. J'ai débuté en 1813; la *Théorie des couleurs* est de 1816; mon principal ouvrage date de 1818. Un tel silence calculé sur ce qui est seul digne d'attention, et une telle exaltation de ce qui n'en mérite aucune, et cela pendant trente-quatre ans, sont sans exemple. Non, je n'ai que trop bien traité ces misérables. J'espère que vous trouverez une occasion de corriger votre erreur.

Je dois vous faire observer aussi que c'est à tort que vous trouvez mon traité sur la philosophie universitaire peu récréatif. Il est, au contraire, très amusant par la vivacité du style et la véhémence de l'attaque; c'est peut-être la plus belle invective qui ait été écrite depuis les *Verrines* de Cicéron. — Il n'y a que les gueux qui soient modestes.

Vous aurez lu sans doute le venimeux article qui a paru dans le *Centralblatt* du mois de janvier; il est certainement d'un professeur. Bon! Le ver se tord lorsqu'on marche dessus. —

J'espère que la fâcheuse poursuite judiciaire de Leipzig n'aura pas eu de suites[1]; mais vous voyez comme j'avais raison de vous recommander le *suaviter in modo*. Cette histoire pourrait même vous nuire auprès du duc de

---

1. Les articles de Frauenstædt sur Feuerbach avaient attiré à l'éditeur Brockhaus une poursuite judiciaire, comme « attentatoires à la religion de l'État »; Frauenstædt fut cité comme témoin.

Ratibor. Je voudrais bien connaître le résultat de vos démarches auprès de lui. Si ce résultat est défavorable, vous aurez du moins fait votre possible.

Dorguth m'écrit qu'avant un mois il m'adressera un message, et il m'en donne des épreuves : ce sera donc imprimé.

L'annonce d'OElsner, de Monmerqué dans les *Débats* n'a pas encore paru, quoiqu'il l'ait envoyée. Il m'a raconté avec peine que, se trouvant dans un cercle littéraire, il lui était arrivé de dire qu'en ce moment vivait un homme à qui plus tard on élèverait une statue, et que, après qu'il m'eut nommé, la plupart se mirent à rire. Cela n'est pas étonnant.

Un de mes anciens amis, Rœmer, qui, sur mon conseil, traduit Moratin de l'espagnol (il a longtemps séjourné en Espagne), est ravi de mes *Parerga*, et déclare comme vous que c'est un livre dans lequel on trouve à lire pour toute sa vie.

Je désire beaucoup que vous lisiez le livre *Theologia Deutsch*, qui paraît en ce moment à Stuttgart, tiré à 250 exemplaires. C'est la première édition authentique, faite d'après un manuscrit de 1496, de la *Théologie allemande*, dont il avait paru précédemment une soixantaine d'éditions incorrectes. C'est par une de ces éditions que j'ai d'abord connu ce fameux ouvrage, qui s'accorde merveilleusement avec ma philosophie. L'auteur demeurait, vers 1350, vis-à-vis de chez moi, dans la Maison Allemande à Sachsenhausen. Ne manquez pas de lire cela ; cela ne coûte que vingt-quatre groschen [1].

Donnez-moi bientôt de vos bonnes nouvelles. Au revoir.

A. S.

Francfort, le 10 juin 1852.

Je vous écris expressément aujourd'hui pour vous faire connaître tout ce qui s'agite et se trame autour de ma

1. Sur le livre de la *Théologie allemande*, voir les Conversations avec Karl Bæhr, p. 38.

philosophie; car, comme vous êtes un de mes combattants du premier rang, il faut bien que vous soyez au courant de tout cela.

Vous aurez lu les *Observations mêlées* de Dorguth. C'est toujours dans sa manière, mais quelques passages m'ont fait plaisir, surtout celui où il parle de ma renaissance. Il ne vous aime pas, parce que vous avez négligé de le citer; je vous l'avais bien prédit dans le temps. Il est dans sa soixante-quinzième année, et il m'écrit qu'il voudrait célébrer mon jour de naissance avec ses trois filles, qui, elles aussi, étudient mes écrits. Cela n'est-il pas touchant?

Doss m'a écrit une longue lettre, huit grandes feuilles, que j'ai lues cependant deux fois, et avec une réelle émotion. Vous seriez étonné de voir la profonde impression que ma doctrine a faite sur ce jeune homme et le sérieux avec lequel il prend les choses. Cette lettre m'est un gage de mon action sur les générations futures.

Il y a ici un commis d'une grande maison, déjà d'un certain âge, très littéraire, même un demi-savant, qui, en 1847, après avoir lu ma *Quadruple Racine*, m'avait abordé à la promenade, m'assurant de sa vénération et du désir qu'il avait de m'entretenir une fois. Je ne l'avais pas revu depuis. Ces jours-ci, cet homme est venu trois fois à notre Cercle Littéraire (dont il n'est pas membre), dans l'espoir de m'y trouver. Enfin il me rencontra et me dit qu'il avait seulement voulu me remercier pour tout ce que j'avais écrit. Il s'était procuré tous mes ouvrages, même la *Théorie des Couleurs*, et il les étudiait consciencieusement, avec son fils, élève du gymnase, âgé de vingt et un ans, prêt à entrer à l'université, et qui lui traduisait les passages grecs et latins. Ces traits me font plaisir, parce que ce n'est pas de la camaraderie.

Mais ce qui m'a surtout fait plaisir, c'est un Programme du gymnase de Nordhausen, contenant une dissertation *Sur le Développement systématique de la géométrie par l'intuition*, de Kosack, professeur de mathématiques et de physique. Il y est dit qu'on avait longtemps essayé de

... la parabole évangélique ... un grain de blé qui tombe ... terrain favorable ... aussitôt. Il en est ainsi de ... fleurs qui sont ... que nous ne verrons jamais. ...

... ambassadeur de Russie, le ... Krüdener ... Mme de Krüdener, ... *Parerga*. Ce livre, ... de sa propre pensée et il me ... sur l'*Apparente premédi*- ... dans ... individuelles. C'est très ... de la part d'un ... diplomate ... honorablement ... que ... avec lui est impossible et cela ... en contraste avec ... honneurs de ceux dont ce ... la tête au-dessus ... Mais ... persistent dans ... tout en ... leurs fanfarons. Ils se ... quand ils ... seront démasqués.

... Hermann Saluez le de ... part et ... qu'il me témoigne ... photographie ... à lire de moi ... vingt ans de moins, ... perfection qui ... par ... incontestable. La ... par le Suédois est ... de longues années ... avec toujours ...

... Il a écrit sur Moïse ... prophète pour ... Salon-propre ... Mais qu'il ... dans les *Parerga*, c'est ... sur Moïse ... ouvrages aux pieds ...

de ce compilateur, je n'ai pas cette modestie. La flagornerie des savants vis-à-vis de lui est repoussante. Ne va-t-on pas jusqu'à admirer son style, sa diffuse et ennuyeuse correction? De quelle grande vérité Humboldt a-t-il doté l'humanité, c'est ce que j'ai encore à apprendre. Et que m'importe son influence? Je ne demande rien. Je lui ai envoyé mes salutations, parce qu'il s'est informé de moi et que nous nous sommes vus autrefois.

Encore une histoire de la philosophie moderne, de Kuno Fischer! Voyez seulement ce qu'il dit de Schelling et de Hegel. Ne les compare-t-il pas à Platon et à Aristote? Et tout cela pour duper et affoler la pauvre jeunesse [1].

Je souhaite de tout cœur avoir de vos bonnes nouvelles.

Votre vieil ami

A. S.

Francfort, le 21 août 1852.

Il faut, mon cher ami, que je me représente tous les nombreux et grands services que vous m'avez rendus en publiant ma philosophie, pour ne pas perdre patience et rester maître de moi, en lisant votre dernière lettre. Ce qui me peine le plus, c'est d'être obligé de voir que j'ai absolument perdu mon temps et ma peine en répondant à vos dernières lettres. De tout ce que j'ai dit, de tout ce que j'ai cité, vous n'avez tenu aucun compte, et rien n'a pu vous détourner de cette véritable exaltation d'absurdité. C'est en vain, par exemple, que je vous ai écrit de ne pas chercher la *chose en soi* à *Wolkenkukuksheim*, là où trône le Dieu des Juifs, mais dans les choses de ce monde, par conséquent dans la table sur laquelle vous écrivez, dans la chaise sous votre digne... Vous aimez mieux prétendre qu'il y a contradiction entre ce que je dis de la *chose en soi*, et l'idée de la *chose en soi*. Très

1. Kuno Fischer méritait mieux qu'une condamnation sommaire; il l'a prouvé plus tard par le huitième volume de son histoire, qui a paru en 1893 et qui est consacré à Schopenhauer. Du reste, Schopenhauer, dans d'autres passages de sa correspondance, est revenu sur la sévérité de ses premiers jugements.

bien ! Ce que je dis de la *chose en soi* est éternellement inconciliable avec l'idée que vous vous en faites, et cette idée vous nous la révélez dans la lumineuse définition suivante : « La *chose en soi* est l'être éternel, incréé et impérissable. » Ce serait là la *chose en soi*! Que diable ! Ce que c'est que cela, je vais vous le dire : c'est l'Absolu que vous connaissez bien, c'est la preuve cosmologique déguisée, sur laquelle chevauche le Dieu des Juifs. Et vous, vous marchez devant lui, comme le roi David devant l'arche sainte, dansant et chantant : *ou-ou*, d'un air tout glorieux.

Et c'est Lui pourtant, malgré la définition ci-dessus qui devait lui assurer une base solide, c'est Lui que Kant a gentiment mis de côté, de telle sorte qu'il ne m'a été transmis qu'à l'état de corps mort; et quand par hasard, comme dans votre lettre, l'odeur m'en monte au nez, je me fâche. Vous avez voulu lui mettre un nouveau masque, lui donner un nouveau titre; mais comme ce titre et ce masque sont volés dans la garde-robe de Kant, je fais opposition. Laissez-lui donc le nom que lui donnent ceux de vos camarades qui entendent la philosophie comme vous: appelez-le, par exemple, le supra-sensible, la divinité, l'infini, le premier principe, ou mieux encore, avec Hégel, l'Idée[1]! Allons donc! Nous savons bien tout ce qu'il y a derrière cela : c'est monsieur de l'Absolu; et quand on l'empoigne et qu'on lui demande : « D'où viens-tu donc, gaillard? » il répond : « Impertinente question ! Ne suis-je pas monsieur de l'Absolu, qui n'a de comptes à rendre à personne : cela ressort analytiquement de mon nom :

> C'est monsieur de l'Absolu !
> Cela veut dire : c'est le vieux Juif,
> Qui a créé le ciel et la terre
> Au commencement. Amen, Amen![2] »

1. *Die Idee.* Schopenhauer dit, avec un élargissement emphatique des voyelles, et en imitant la prononciation souabe de Hegel: *die Uedæh.*

2.
> *Es ist der Herr von Absolut!*
> *Das heisst es ist der alte Jud.*
> ὃς ἐποιησε τον οὐρανον και την γην
> ἐν ἀρχῃ· ἀμην! ἀμην!

Partant de cette définition, vous continuez tranquillement d'argumenter comme suit : « De la *chose en soi*, nous savons (je vous prie de parler au singulier), puisque nous la considérons comme l'être primitif, placé en dehors du temps... », ou encore : « Cela ressort analytiquement de l'idée de la *chose en soi*. » — Oui, de votre idée à vous, que vous êtes allé chercher dans la synagogue; et le résumé de tout cela, c'est que le bon Dieu ne peut pas commettre un suicide. Comment le pourrait-il, en effet? Et comment le voudrait-il, après avoir crié triomphalement que tout était bien?

Ma philosophie ne parle jamais de *Wolkenkukuksheim*, mais de ce bas monde : c'est-à-dire qu'elle est immanente, et non transcendante. Elle déchiffre le monde qui est sous nos yeux, comme des hiéroglyphes, dont j'ai trouvé la clef dans la volonté. Elle montre l'enchaînement de ses parties. Elle enseigne ce qu'est le phénomène et ce qu'est la *chose en soi*. Mais cette *chose en soi* n'est telle que relativement, c'est-à-dire dans son rapport avec le phénomène; et le phénomène n'est tel que dans son rapport avec la *chose en soi*. En outre, elle considère le monde comme un phénomène cérébral. Mais ce qu'est la *chose en soi* en dehors de cette relation, je ne l'ai jamais dit, parce que je ne le sais pas.

Pour finir, je vous souhaite bon voyage pour *Wolkenkukksheim*. Saluez le vieux Juif de ma part et de celle de Kant; il nous connaît. Si vous voulez produire vos doutes devant le public, pour montrer que vous avez vanté ma philosophie sans la comprendre, je ne puis ni vous en empêcher, ni vous le conseiller. Mais que vos scrupules ne viennent plus jusqu'à moi! Je suis las de me fâcher contre vos malentendus et vos méprises, las de nettoyer les écuries d'Augias. J'ai un meilleur emploi de mon temps. Je vous renvoie donc vos commentaires sans les lire, et vous prie sérieusement de m'épargner à l'avenir toute question de ce genre; car, après avoir présenté ma philosophie au monde avec un grand art et une clarté sans exemple, je n'ai vraiment pas envie de l'exposer encore une fois par fragments sous forme de lettres. Il est facile de trouver des minuties à reprendre dans n'importe quelle partie d'un système, pourvu qu'on oublie toutes les autres parties.

Je vous remercie pour les distinctions honorifiques que vous me souhaitez, que vous voudriez même me procurer. Tranquillisez-vous : l'ordre du mérite et le mérite se rencontrent rarement. Cet ordre a été conçu dans une pensée vraiment noble ; il était destiné aux fils de Mars et aux enfants des Muses ; mais il est devenu infidèle à sa mission. De « pas plus de trente » on a fait « pas moins de trente ». Il en résulte qu'une foule de gens de très peu de mérite portent la même croix que le prince qui a dompté la rébellion badoise. Les nominations sont entre les mains du chapitre, lequel est formé de professeurs, qui ne pensent qu'à décorer tout membre émérite de leur confrérie : tel, par exemple, Creuzer pour ses fantaisies mythologiques, et d'autres encore[1]. On devrait distribuer les croix avec autant de parcimonie aux Allemands qu'aux étrangers, et seulement à de vraies éminences intellectuelles. Où est, hélas! la vanité que je n'aie blessée? On ne peut servir à la fois la vérité et le monde. S'il pleuvait des décorations, aucune ne tomberait sur ma poitrine.

J'ai fait aussi aujourd'hui une piqûre à votre amour-propre : je n'ai pu faire autrement. Recevez cette mauvaise médecine de la main de votre ami

A. S.

Francfort, le 12 septembre 1852.

En réponse à votre dernière lettre, je vous dirai que ce n'est nullement par mépris que je vous ai renvoyé vos

---

1. Frédéric Creuzer fut d'abord professeur à Marbourg, son lieu de naissance, et ensuite à Heidelberg. On a dit avec raison que le défaut de sa *Symbolique* (4 vol., Leipzig, 1810-1812) est marqué dans le titre même de l'ouvrage. Il voit des allusions profondes et presque des intentions calculées dans les créations naïves de l'imagination populaire. Sa tendance au mysticisme devait déplaire particulièrement à Schopenhauer.

diatribes sans les lire. C'était là la suite naturelle de nos discussions. Après m'être donné la peine, dans plusieurs lettres de deux feuilles chacune, de lever vos scrupules l'un après l'autre, je vous avais dit que vous me rendiez la vie dure et que j'en avais assez. Cela ne vous a pas empêché de m'écrire encore une lettre pleine de doutes inouïs, de chicanes, et même de menaces, au cas où je ne vous donnerais pas satisfaction; et vous y ajoutiez tout un cahier d'objections vieilles de cinq ans, avec ce titre provocant : *Anti-Schopenhauer.* J'ai bien recherché et enseigné ce que c'est qu'un saint, mais je n'ai jamais prétendu en être un. J'ai donc répondu encore à vos derniers scrupules, mais j'ai renvoyé le cahier sans l'ouvrir, comme vous deviez vous y attendre.

Je vous assure que vous auriez pu trouver vous-même dans mes écrits la réponse à tous vos doutes, si vous aviez seulement voulu rassembler ce qui est quelquefois séparé par un grand intervalle; car mon système forme, plus que tout autre, un tout organique; seulement il faut toujours avoir chaque proposition sous la main, pour appuyer au besoin toute autre proposition qui pourrait être l'objet d'une critique. Vous voilà arrivé à une meilleure manière de voir : je vous en félicite, et je souhaite qu'une étude réitérée vous fortifie dans votre conviction. Ce que vous ajoutez de votre propre fonds est généralement juste; seulement gardez-vous de vous perdre, à la manière des gnostiques, dans des hypostases métaphysiques, en imaginant, derrière la *chose en soi*, une seconde *chose en soi*, dont l'autre ne serait que la manifestation. Arrivés à un certain point, où l'affirmation et la négation de la volonté se confondent, nous n'avons pas à en chercher la raison d'être dans une substance quelconque; il ne nous reste qu'à reconnaître que nous avons atteint les limites de la connaissance humaine; nous devons même le proclamer hautement et au grand jour. C'est là l'unique sagesse, et c'est l'attitude qui nous convient, après que nous avons montré d'où viennent ces limites de notre connaissance. Elles ont leur cause dans l'origine même de notre intelligence, origine des plus humbles et des plus pauvres. Notre intelligence, en effet, qu'est-ce autre chose que l'organe au moyen duquel la bête saisit sa proie?

Le nouvel apôtre, qui s'annonce même comme un évangéliste, Kilzer, est réellement une tête intelligente; c'est vraiment dommage que ce ne soit pas un savant[1]. Il a écrit un article sur ma philosophie, et un autre sur ma théorie des couleurs, qu'il a voulu faire paraître dans les *Didaskalia*[2]. On les lui a refusés, et maintenant il ne sait où pondre son œuf. Il est parti, il y a huit jours, pour un voyage de trois semaines dans le Tyrol, et il m'a dit qu'il s'arrêterait à Munich pour voir Doss. Ces visites entre apôtres me plaisent; il y a là quelque chose de sérieux et même de grandiose : « Là où deux sont rassemblés en mon nom, je suis au milieu d'eux. » J'ai profité de son voyage pour faire une petite mystification au vieux de Magdebourg : gardez-vous de me trahir, je ne vous le pardonnerais pas. J'ai donné à Kilzer un portrait de moi au daguerréotype, très bon et très caractéristique; j'en ai fait un paquet; il y apposera son cachet avec l'adresse de Dorguth et le mettra à la poste à Munich. Le vieux sera étonné, et finira par dire : « Ce ne peut être que Schopenhauer ou le diable. »

Hier j'ai été malade, et j'ai dû garder la chambre. J'ai eu des pensées de mort, comme on les a à mon âge. Aujourd'hui, j'en ris, je recommence à sortir, et j'espère être encore longtemps

Votre ami

A. S.

1. Auguste Kilzer est une des figures les plus aimables de cette correspondance; c'était un négociant de Francfort, un de ces « laïques » dont Schopenhauer appréciait beaucoup le concours. Sans être le moins du monde au courant des discussions d'école, il lui arrivait parfois, dans une revue locale, de rompre une lance pour la doctrine qu'il avait épousée; et « quoique voué corps et âme au plus irascible des maîtres, il réussit, dit Schemann, par l'aménité de son caractère, à ne pas se faire un seul ennemi. »

2. Supplément littéraire du *Journal de Francfort.*

Francfort, le 12 octobre 1852.

Mon cher ami,

La physiologie est à la fois le sommet et la région la plus obscure des sciences de la nature[1]. Il faut, pour avoir voix au chapitre, avoir parcouru avec soin, dès l'université, tout le cercle des sciences naturelles ; il faut ensuite ne les avoir jamais perdues de vue pendant tout le cours de sa vie. Ce n'est qu'alors qu'on peut être prêt à répondre à toutes les questions. C'est ainsi que j'ai fait. J'ai étudié sans relâche l'anatomie avec Hempel et Langenbeck ; j'ai suivi un cours spécial sur l'anatomie du cerveau avec Rosenthal. Ajoutez-y trois cours de chimie, trois de physique, deux de zoologie. Je n'ai négligé ni l'anatomie comparée, ni la minéralogie, ni la botanique, ni la physiologie générale, sans parler de la géographie, de l'astronomie, etc. Je suis resté, pendant toute ma vie, au courant des progrès de chaque science. J'ai lu les ouvrages principaux, surtout ceux des Français et des Anglais, comme le prouvent les exemplaires annotés dans ma bibliothèque. Je puis donc donner mon avis, et je l'ai fait avec honneur. En 1824, l'Académie de Munich a publié un exposé des progrès de la physiologie au siècle actuel, et, dans la partie qui concerne les organes des sens, je suis nommé seul avec Purkinje[2]. En général, tous mes ouvrages témoignent d'études approfondies sur la nature ; ils seraient même impossibles sans cela.

Mais lorsque, au contraire, on puise sa connaissance dans un dictionnaire fabriqué par des manœuvres, comme le petit bourgeois fait sa provision en détail chez

1. La rédaction des *Blätter für litterarische Unterhaltung* avait demandé à Frauenstædt un article sur *la Circulation de la vie* de Moleschott, et Frauenstædt avait consulté Schopenhauer à ce sujet.

2. Professeur de physiologie à l'université de Prague, auteur d'un livre intitulé *Beobachtungen und Versuche zur Physiologie des Sehens* (2 vol., Prague, 1823 ; Berlin, 1825).

l'épicier, alors on n'est plus qu'un empoisonneur, un
pensionnaire de l'hôtellerie des fripons. Et ici on
rencontre d'abord un certain Volkmann [1], qui a l'impudence de traiter l'immortel Bichat d'esprit superficiel; et,
fort de ce jugement, on se dispense de lire les ouvrages
de Bichat, et ceux de Cabanis par-dessus le marché. Et
moi, je vous dis que si Bichat crachait sur la tête à un
Volkmann, il lui ferait encore trop d'honneur. Bichat a
vécu trente ans, il y a soixante ans qu'il est mort, et
toute l'Europe savante vénère son nom et lit ses œuvres.
Sur cinquante millions de bipèdes, c'est à peine si l'on
peut compter une seule tête pensante comme Bichat. Il
va sans dire que depuis ce temps la physiologie a fait
des progrès, non point par des Allemands, mais par
Magendie, Flourens, Charles Bell, Marshal Hall. Mais,
même après eux, Bichat et Cabanis ne sont point démodés,
et tous ils présentent les armes au nom de Bichat.

Maintenant, sortant de cette vénérable compagnie,
entrons dans l'hôtellerie allemande des fripons. Pour ce
qui est de la physiologie, la tâche que se donnent ces
messieurs, c'est de montrer que le corps et l'âme
sont deux substances essentiellement différentes, que la
dernière loge uniquement dans la tête, que, en tant
qu'immortelle, elle est absolument simple et indivisible,
que par conséquent elle doit tenir tout son bagage
d'intelligence, de sentiment, de volonté, de passions,
resserré en un point, une noix, une monade; que, par
suite, les affections et les appétits ne peuvent dépendre
des autres parties du corps, comme Bichat et moi nous
l'enseignons. Tout cela, il faut le faire passer à toute
force, malgré Kant et malgré les physiologistes français.
En voulez-vous un exemple? Lisez, dans le dernier
Répertoire de Leipzig, l'article très élogieux sur le misérable produit de Lotze, *Medicinische Psychologie* [2]. Dans ce

1. Alfred Wilhelm Volkmann était professeur de physiologie et
d'anatomie à l'université de Halle.
2. Lotze, professeur à Leipzig et ensuite à Gœttingue, était un dis-

livre, la doctrine obligatoire ci-dessus est longuement exposée, et Wagner et Volkmann sont grandement loués : c'est une seule clique[1]. L'âme est démontrée avec des arguments de vieille femme. L'impudence avec laquelle Kant est ignoré me console de l'impudence avec laquelle on m'ignore moi-même. Mais voici que le bourreau, ayant fait accomplir par l'âme seule tout ce qui est pensée et volonté, ne sait plus que faire des trois à cinq livres de matière cérébrale si singulièrement compliquée, qui ne sont plus pour lui qu'un appareil nutritif pour les organes des sens. Jamais pareille sottise ne s'est vue. Et voilà les gens auprès desquels vous allez vous instruire ; Bichat n'est plus qu'un esprit superficiel ; Kant et moi nous ne sommes plus qu'une paire d'ânes. Et voilà l'honnêteté allemande !

Ma rencontre avec Bichat, après que nous étions arrivés par des chemins différents au même résultat, est une des plus belles confirmations de la vérité de ma doctrine, et ce fut pour moi une satisfaction de cœur lorsque j'en fis la découverte en 1838. Mais quant à vous, vous n'avez pas le courage de parler du point de vue de ma philosophie, dont vous avez pourtant reconnu la vérité. Vous prêtez l'oreille tantôt à celui-ci, tantôt à celui-là, pensant que ce sont des gens à ne pas négliger. Vous ne reconnaissez pas l'aristocratie de la nature : Bichat et moi nous nous embrassons dans un désert.

Kilzer a mis mon portrait à la poste de Munich. Le vieux n'a pas encore donné signe de vie, et je me le représente assis tout perplexe devant le portrait, et disant

ciple de Schelling et de Herbart, ce qui suffisait pour le rendre suspect à Schopenhauer. Sa *Physiologie médicale* n'est qu'un des nombreux ouvrages par lesquels il a touché à toutes les branches de la philosophie.

1. Rudolph Wagner a consacré sa vie à des travaux d'anatomie comparée. Il a beaucoup voyagé dans sa jeunesse, et il a été l'élève de Cuvier à Paris. Il enseigna plus tard à Erlangen et à Göttingen. Il combattit dans une série de brochures le matérialisme de Vogt et de Moleschott. Son *Handwörterbuch der Physiologie* (4 vol., Brunswick, 1842-1853) était très consulté.

[illegible]

[illegible] la réalité [illegible] et que
[illegible] administrées [illegible] trop
[illegible] que les
[illegible] un [illegible]
[illegible] hostile [illegible] n'est pas hostile.
[illegible] est vous [illegible] la
Votre ami

[illegible]

[illegible]

[illegible] cher ami [illegible] que la per-
[illegible] votre [illegible] Vous avez [illegible]
[illegible] 1851
[illegible]
[illegible]
[illegible]
[illegible]
[illegible]
[illegible]
[illegible]
[illegible]
[illegible]
[illegible]

losophie ». Les tables tournantes viennent de faire leur
entrée aux Indes orientales le *Times* écrit qu'on a rangé
des soldats indigènes autour d'une table sans les prévenir
de rien, et qu'ils ont eu une peur terrible en voyant la
table marcher sous leurs mains.

Il y a quinze jours, un docteur Kriegskotte, professeur
dans une école réale du duché de Clèves et Berg, un
homme grand, d'une quarantaine d'années, entre chez
moi, me regarde, d'une façon qui me fit presque peur, et
s'écrie : « Je veux vous voir Il faut que je vous voie Je
viens pour vous voir » Ma philosophie lui avait rendu la
vie, disait-il. N'est-ce pas charmant?

Avec mes bons souhaits pour votre santé

    Votre ami

                A. S.

Tous mes remerciements [illegible] cher ami [illegible]
d'épreuves que vous m'avez envoy[illegible]
plaisir. Mais il m'est extrêmement [illegible]
défigurées. Déjà, dans [illegible]
avais signalé quelques faute[illegible]
encore. Je vous prie quand vous [illegible]
correction une citation d'un [illegible]
parer chaque fois a [illegible]
viez avoir quelque [illegible]
Celui-ci ne m'a-t-il pas [illegible]
de fonder un comité [illegible]
jamais changé une s[illegible]
vertu du même fac[illegible]
actuellement à Ham[illegible]
[illegible]enth avait trouvé [illegible]
[illegible] venu au mond[illegible]
[illegible] Chaque voyag[illegible]
[illegible] apostolique[illegible]
[illegible] sans l'aborder [illegible]
[illegible] philosophie. Il a [illegible]

mière édition de mon ouvrage principal, mais il n'en reste plus un seul exemplaire chez Brockhaus.

Il a paru au *Journal des Débats*, et en traduction allemande dans la *Zeitschrift fur Litteratur des Auslandes*, un article frappant du comte de Gasparin, pair de France, qui offre la démonstration irréfutable des tables tournantes sous l'influence de la volonté. L'article est dirigé contre l'Académie des sciences, qui a poussé l'outrecuidance jusqu'à déclarer que désormais elle mettrait au panier toutes les communications qui lui seraient faites sur les tables tournantes.

Gardez-vous, mon cher apôtre, de publier mon portrait dans le *Journal Illustré*. Je ne veux pas offrir avec ma personne un amusement ou public banal. Ce n'est aussi qu'après la mort d'un auteur qu'on doit faire figurer son portrait en tête de ses ouvrages. Je ne connais aucun grand écrivain qui ait contrevenu à cette règle.

Vous auriez dû quitter le Pont-Strasse où était le choléra. Ah! comme on néglige souvent les devoirs envers soi-même! Qu'en serait-il si on [illegible] des devoirs envers le prochain, et même des devoirs envers Dieu? [illegible] se réduisent pour moi [illegible] Depuis [illegible] Brockhaus que vous [illegible] pas [illegible] de faire [illegible] de vous dans vos *Lettres*.

Je viens de recevoir [illegible] *Histoire de la philosophie depuis Kant* [illegible] très curieux de le voir. Vous êtes mon protagoniste; vous déployez une activité merveilleuse pour ma doctrine; mais c'est une activité féconde, et la gloire vous en reviendra.

Sur le chapitre d'Erdmann, mon opinion est la suivante. Les dix premières pages sont très bonnes, parce qu'il n'y est question que de la *Quadruple Racine* qu'il a bien saisie dans son ensemble. Mais ensuite il aurait dû donner au reste de ma philosophie quatre fois plus d'étendue qu'il ne l'a fait. Son exposition est confuse et ne laisse pas une impression nette. Il évite de citer mes propres paroles, mais il les remplace mal. Il n'a pas mis en relief ce qu'il y a d'original dans la doctrine [illegible]

honteuse contamination de la langue allemande, qui s'étale
dans les feuilles publiées par la maison Brockhaus, sans
parler de la ponctuation, qui n'existe pas? Faut-il qu'un
imprimeur aidé de ses compagnons persiste impunément
dans les mêmes abus? L'orthographe de la maison[1]! Comme
si la raison sociale inscrite au bas du titre était l'essentiel,
tandis que le lecteur sérieux ne la regarde même pas!
« Ce serait, dit Brockhaus, un inconvénient, si de la même
officine sortaient deux orthographes différentes. » Oh! non,
ce qui est un inconvénient, c'est qu'un boutiquier, un
imprimeur, avec ses noirs myrmidons, prétende, du fond
de sa caverne, gouverner la langue allemande. A votre
place, je lui dirais mon fait; mais hélas! c'est votre
éditeur, votre organe, et par conséquent l'homme indispensable. Faites-lui part de mon indignation, autant que
vous le pouvez sans danger. Quant à moi, si je vois
encore une nouvelle édition d'un de mes ouvrages, et si
l'éditeur veut s'adresser à la même imprimerie, j'exigerai
d'abord de Brockhaus une promesse écrite de respecter
scrupuleusement mon orthographe et ma ponctuation à
moi; faute de quoi, il ne publiera plus jamais une ligne
de moi.

  Salutations cordiales

            [illegible signature]

trois dernières lettres apologétiques. Grâce à une étude prolongée, vous êtes comme chez vous dans mes ouvrages, de telle sorte que vous pouvez ramener des coins les plus éloignés les passages dont vous avez besoin, et qui ont été écrits parfois à quarante ans d'intervalle. Mais que tout cela s'accorde si bien, cela prouve aussi l'unité et la solidité de la doctrine. Comme il en est autrement de Schelling, même de Spinosa, et même de Kant! Tous ils ont vacillé plus ou moins.

Mon impression à la lecture de votre livre a été semblable à celle d'Épicure sur son lit de mort. Il appela, selon Sénèque, son fidèle Métrodore, et ils se réjouirent ensemble du succès de leurs découvertes.

J'espérais toujours que vous pratiqueriez encore un peu le jeu des tables tournantes, mais je vois qu'il n'en est rien. Cependant ces expériences ont, quant à moi, pour me servir d'une expression de nos gueux d'adversaires, « une portée incalculable ». Et je chante :

« La volonté qui a fait — et qui soutient le monde, — peut aussi le gouverner, — les tables marchent à quatre pattes ! ».

Sur ce, mon vaillant apôtre, recevez mon cordial remerciement pour votre nouvel acte d'héroïsme, et mes sincères souhaits pour votre santé.

A. S.

Francfort le 30 novembre 1851

Mon cher ami, je suis très fâché de ... que vous me dites au sujet de Reg... ... et par la... de ...

2. L'Hidgen Reprezzen ...

rappeler les égards que l'on doit à un vieil ami d'un dévouement éprouvé. Mais, mon bon, me prenez-vous par hasard pour un vieux fou, qui ne sait ce qu'il voit? Comment pourriez-vous, sans cela, et sans la moindre hésitation, me taxer d'erreur? Sur quelle autorité? Sur la foi d'un collaborateur anonyme de cette misérable revue, les *Grenzboten*? Il faut que je vous dise d'abord que vous pourriez trouver des articles semblables dans dix autres revues : c'est le cri de désespoir d'une clique de quatorze médicastres, qui craignent pour leur honneur et leur pain. Ces malheureux, poussés par l'ignorance et l'envie, ont, en effet, dès la première séance de Regazzoni, fait paraître dans les *Didaskalia* un manifeste signé de leurs noms, d'où il résulterait que tout n'est que tromperie et Regazzoni un charlatan. J'assistai le lendemain à un conseil de guerre tenu chez Regazzoni, mais je ne pus, comme on me le demandait, profaner ma plume dans des querelles locales. Tous les gens sensés sont indignés, mais tout le corps médical se soumet en tremblant. La meilleure partie du public a compris que des médecins qui voient une pure comédie dans un état cataleptique et dans une mort apparente ne sont pas capables d'un diagnostic sérieux. Il s'en est suivi une violente guerre de plumes. Les quatorze ont employé le moyen qui réussit toujours, celui de crier le plus fort.

Et c'est là votre évangile? La vérité triomphera, et l'honnêteté de Regazzoni apparaîtra au grand jour. Alors chacun fera ce que je fais. Je garde le numéro des *Didaskalia*, afin de n'appeler aucun des quatorze, le jour où j'aurai besoin d'une consultation pour moi, ou pour ma servante, ou pour mon chien, ou pour mon chat.

Je me suis donné le plaisir d'inscrire mon témoignage

publique. Schopenhauer se déclara son partisan; mais il ne put vaincre sur ce point, pas plus que sur les tables tournantes, l'incrédulité de Frauenstædt. — Voir une longue note sur Regazzoni dans *la Volonté dans la nature* (3e édition), au chapitre intitulé *Animalischer Magnetismus und Magic.*

dans l'album de Regazzoni, en langage clair, et en français.

Adieu, portez-vous bien, et une autre fois croyez en tout et pour tout à

Votre ami

A. S.

Francfort, le 2 mai 1855.

Mon cher ami, Enfin le diable s'en mêle, et j'apprends toutes sortes de choses. Par exemple, on veut me peindre à l'huile. C'est un artiste de grand mérite, qui a eu une Vénus et un Cupidon grandeur nature admis à l'Exposition de Paris, si sévère dans ses choix. Il est Français, mais il s'appelle Lunteschütz. Déjà cet hiver il s'est assis à table à côté de moi, évidemment avec intention, et il est venu souvent, de sorte qu'il m'a vu causer avec animation. Comme il est bon garçon, j'ai fini par m'ouvrir à lui en toute confiance; il connaît donc bien ma vraie physionomie. Il ne connaît ma gloire que par le bruit public. C'est à ses frais qu'il me peint, quoique d'ordinaire il se fasse bien payer. Je lui ai demandé un jour ce qu'il prenait pour un portrait, peut-être vingt louis. Plus que cela, m'a-t-il répondu. Ce sera quelque chose de rare. J'ai déjà posé deux fois, et chaque fois deux heures dans la matinée. Maintenant, il faut que la peinture sèche pendant quelques jours. Le portrait sera exposé d'abord ici et ensuite à Berlin. Ah Dieu! comme les professeurs de philosophie se repaîtront de cette vue, et mes anciennes connaissances, et mes nouveaux amis! Donnez-moi bientôt de vos nouvelles.

Votre ami

A. S

Francfort, le 20 juin 1855.

Mon cher ami, Enfin j'ai lu quelque chose de Moleschott, le chapitre sur la volonté, dans *la Circulation de la vie*. Si je n'avais su que c'était le célèbre monsieur Moleschott qui avait écrit cela, je ne l'aurais même pas attribué à un étudiant, mais à un garçon coiffeur ayant suivi un cours d'anatomie et de physiologie, tant ce fatras est grossier, lourd, gauche et embrouillé. Je me félicite maintenant d'avoir renvoyé tous ces gaillards-là à l'office parmi les valets. Et c'est à cet homme que Brockhaus, à ce que m'assure le docteur Mayer de Mayence, donne mille louis pour sa nouvelle Physiologie, qui n'a guère qu'une trentaine de feuilles. Il verra! Même la partie physiologique du chapitre n'est que du bavardage fade et rebattu. C'est en outre grossier et immoral, et l'on voit sortir de sa poche la loque rouge de la République des drôles. On a très bien fait de retirer à ces compagnons le droit d'enseigner; on ne pouvait faire autrement.

De la même école sort un nouveau livre du docteur Büchner, professeur à Tubingue, *Force et Matière*, tout à fait dans le même esprit. Je compte bien qu'on retirera aussi le droit d'enseigner à cet autre compagnon. Ces gueux empoisonnent à la fois la tête et le cœur; ils sont ignorants comme des apprentis, bêtes et mauvais[1].

Mon portrait n'est pas encore terminé, quoique j'aie posé au moins douze fois, chaque fois deux heures; mais il faut toujours qu'après trois ou quatre séances la peinture sèche pendant quinze jours.

Je suis heureux d'apprendre que vos yeux vont mieux : cela passe avant tout.

    Salutations cordiales.

A. S.

---

1. L'Italien Moleschott était encore plus médecin que physiologiste. Il enseignait à Heidelberg, lorsqu'il publia, en 1852, son livre, *Der Kreislauf des Lebens*, dont le matérialisme le força à quitter sa chaire. Il enseigna plus tard à Zurich, à Turin et à Rome. — Büchner était *privatdocent* à Tubingue. Le titre même de son ouvrage, *Kraft und Stoff* (Francfort, 1855) était l'exposé d'un système. Privé de son enseignement, il reprit sa pratique médicale à Darmstadt, sa ville natale.

Mon vieil ami [...]
l'*Histoire de la philosoph*[ie ...]
Ce volume ne dépasse [...]
Kant. Cependant [...]
L'auteur, irrém[...]
l'histoire d'aprè[s ...]
tant que pessim[...]
Leibnitz, et cela [...]
vécu dans un [...]
et moi à une époq[ue ...]
suit que si j'ava[...]
optimiste des m[...]
dans le temps a[...]
raisonne dans le [...]
système a été con[...]
époque où la gu[erre ...]
l'Allemagne les [...]
jaune ne sait pa[s ...]

Je vous écriva[i ...]
dans à voir le deu[...]
livre *Force et M*[...]
par le journal d[...]
qu'il mérite, car s[...]
au plus haut de[...]
Et la cause, c'est [...]
pipe et de la polit[ique ...]

Mon portrait n[...]
veut y faire les [...]
encadré. Mais [...]
jours, et qui fini[...]
autre. L'artiste [...]
sera fini qu'a [...]
séances. J'en dev[...]

Que le ciel [...]

[...] Rue Bonaparte [...]

écrit le *Times*, viennent de faire dorer toute une pagode ; je ne peux pas rester en arrière sur les Birmans. Il y a encore ici un autre Bouddha ; il appartient à un riche Anglais. J'y suis allé en pèlerinage pour le saluer. Il est de grandeur nature ; mais il n'est pas en bronze, comme le mien ; il est fait en une sorte de papier mâché ; c'est donc un moulage. Il vient probablement de la Chine ; il est tout doré, et il ressemble au mien à un cheveu près. Je préfère le mien, qui est authentique, et qui vient du Thibet. L'autre se distingue par son nez aplati et ses membres courts et dodus : c'est le type chinois. Le mien est maigre et a de longs bras. Le reste est semblable. Tous deux ont le doux sourire par lequel Bouddha est célèbre. L'attitude, le vêtement, la coiffure, le lotus, tout est pareil. Ah ! monsieur le pasteur Kalb, venez donc voir !

Le professeur Bæhr de Dresde m'a envoyé son fils, Becker son fils et son neveu. Quand ces jeunes gens seront devenus de vieilles gens, ils pourront se vanter de m'avoir vu en chair et en os et de m'avoir parlé.

Bonheur et santé.

A. S.

Francfort, le 14 août 1856.

Mon cher ami, Que dire de Cornill, et de mes prétendues contradictions et de mon dualisme [1] ? Sa tête est incapable de saisir ma grande pensée dans son unité ; alors il tourne autour, détache un fragment ici et un fragment là, les rapproche, et quand ils ne peuvent s'adapter, il crie à la

1. Le dualisme était, selon Cornill, dans le titre même de l'ouvrage principal de Schopenhauer. Adolphe Cornill était un jeune professeur de l'université de Heidelberg, et l'auteur d'un livre ayant pour titre : *Arthur Schopenhauer als Uebergangsformation von einer idealistischen in eine realistiche Weltanschauung* (Heidelberg, 1856). Il était fils d'un négociant en vins de Francfort. Schopenhauer lui reproche, dans une autre lettre (du 11 juillet 1856), de n'avoir appris la philosophie que pour l'enseigner. Au reste, Schopenhauer pouvait être blessé de n'être traité que comme un philosophe de transition.

contradiction. Cela est assurément plus facile que d'entrer dans un grand système profondément médité, de suivre l'auteur pas à pas, et de dire ensuite ce qu'on peut avoir à objecter. Ainsi a fait Schulze-Énésidème pour Kant. Mais quand le courage manque à ce petit monsieur, et qu'il sent ses jambes vaciller, il aime mieux s'arrêter court et crier à la contradiction.

Ainsi fait Taillandier, quand il dit : « Ici commencent les contradictions [1]. » Comment de telles têtes creuses peuvent-elles s'imaginer que des esprits de ma trempe n'observeront pas la plus simple des lois de la logique, le principe de contradiction, ou qu'ils passeront leur vie à élaborer un système, sans avoir une idée nette et une image claire de ce qu'ils veulent enseigner. Il faudrait qu'ils attendent que des gaillards qui pullulent comme les mouches, et que Jeannot et Margot peuvent fabriquer chaque jour, viennent à leur aide. Le nombre de ceux-ci est légion ; quant à nous, nous marchons seuls à travers les siècles.

Le dualisme ! Et comment savez-vous qu'un dualisme est toujours faux ? Quand je dis que la lune a deux faces, l'une que nous voyons, et l'autre qui nous échappe, est-ce un dualisme ? Le phénomène et la *chose en soi*, la volonté et l'intelligence, sont dans le même cas.

Taillandier a écrit quatre pages sur moi dans le dernier numéro de la *Revue des Deux Mondes*; vous avez sans doute lu cela. C'est du bavardage français, où il est beaucoup question de ma personne. Mais comment sait-il que je suis « tout étonné du bruit que font mes écrits dans le monde ? » N'ai-je pas prédit, au contraire, au docteur Emden, il y a vingt ans, que je serais un jour célèbre ?

Portez-vous bien.

A. S.

---

1. Saint-René Taillandier disait, au milieu de son exposition : « Ici commencent les contradictions », et à la fin : « Est-ce assez d'extravagance ! »

Francfort, le 31 octobre 1856.

« Mon vieil ami, Ou je me trompe fort, ou c'est Bona Meyer qui a fait paraître, il y a quelques années, un livre sur la Zoologie d'Aristote, où il me cite plusieurs fois et me discute comme une autorité. Vous l'appelez un jeune homme intelligent. Peut-être, mais je vous dis que c'est un plat compagnon. Cela ressort du passage même que vous me citez, et dont il résulterait qu'en morale c'est l'acte matériel qui importe, quels que soient les motifs qui le déterminent[1].

Ayez honte d'être loué par un tel individu, parce que vous avez embouché la même trompette que lui en excusant la morale du matérialisme. La morale des matérialistes français est un tissu de lourds sophismes. Helvétius est excellent dans les choses intellectuelles (*De l'Esprit*), mauvais en morale (*De l'Homme*). Ma philosophie a de la profondeur, mais elle a aussi de l'élévation : c'est ce que vous ne devriez pas oublier.

Vous passez maintenant pour mon premier disciple, mon évangéliste par excellence, et vous en recueillerez un jour de la gloire. Mais ne vacillez pas comme un feu follet !

> Que l'on marche droit, au nom du diable,
> Ou je vous soufflerai votre vie vacillante[2].

1. Frauenstædt disait, dans son ouvrage *Ueber den Materialismus, seine Wahrheit und seinen Irrthum*, qu'un adepte du matérialisme pouvait accomplir une bonne action, « quelque motif qu'on lui attribuât ». Bona Meyer, un jeune professeur de l'université de Berlin, dans un article de la revue de Hermann Fichte, soutenait la même opinion. Schopenhauer, donnant aux paroles de Frauenstædt une portée plus générale, lui fait dire que le motif est indifférent dans l'acte moral. Le passage incriminé de l'article de Bona Meyer est le suivant : « Que je croie aimer mon prochain pour qu'il me paie de retour ou parce que j'y suis porté par ma nature, cela peut faire une différence pour la manière de juger l'acte, mais non pour l'acte lui-même : l'important est que j'aime mon prochain. »

2.   *Geh' Er nur grad', ins Teufels Namen !*
          Sonst blas' ich ihm sein Flackerleben aus.
(Méphistophélès au Feu follet dans la *Nuit de Walpurgis* du premier *Faust*).

Je veux, à tout prix, que vous me fassiez honneur. Qu'il ne m'arrive jamais d'être obligé de dire ce que Voltaire fait dire à Spinosa :

J'ai de plats écoliers et de mauvais critiques.

Abjurez donc le diable, c'est-à-dire la morale matérialiste, n'ayez aucune tolérance envers elle, sous quelque forme qu'elle se présente, et ne retombez plus jamais dans la même faute[1].

Après cela, nous prions *Tien* (le ciel), de vous prendre en sa garde toute-puissante.

A. S.

Francfort, le 6 décembre 1850.

Mon vieil ami, L'intérêt que vous continuez de porter à ma philosophie me touche profondément[2]. J'en ai vu quelques preuves dans les journaux. Mais vous ne m'avez pas signalé ce qu'il y a de mieux, la biographie dont vous avez accompagné mon portrait dans *l'Illustration*, et dont je suis très content.

L'affaiblissement progressif de votre vue est fâcheux. Jungken ne peut-il donc pas y porter remède[3]?

Mon oreille gauche aussi s'affaiblit de plus en plus. Pour le reste, je me porte à merveille.

Mlle Ney est la jeune fille la plus aimable que je con-

1. Schopenhauer ajoute, avec un mot du *Songe d'une nuit d'été* de Shakespeare : « Bien rugi, Lion ! » Frauenstædt lui répliqua que le lion aurait pu se dispenser de rugir, s'il avait seulement voulu se donner la peine de comprendre. Il en résulta une interruption de trois ans dans la correspondance, sans que Frauenstædt cessât de faire de la propagande pour la doctrine pessimiste.

2. Un mois avant cette lettre, Schopenhauer avait fait envoyer à Frauenstædt par l'éditeur Brockhaus un exemplaire du *Monde comme volonté et comme représentation*, qui venait de paraître en troisième édition.

3. Oculiste renommé de Berlin.

naisse[1]. Elle est actuellement à Hanovre, mais sera de retour à Berlin pour Noël. J'apprends que mon buste est exposé à Berlin. Aussitôt que les conditions de propriété seront réglées, on en fera des reproductions. Vous en connaîtrez le prix à l'atelier. J'en aurai un exemplaire.

Gœbel, notre meilleur peintre, a terminé l'hiver dernier mon portrait à l'huile; il en fait lui-même la gravure, qui sera éditée à Berlin.

Je n'apprends pas à connaître la moitié de ce qu'on écrit sur moi.

Une dame Bœlte a fait dans la *Novellen-Zeitung* une description satirique de ma personne, parce que pendant huit jours j'avais refusé de converser avec elle à table. Elle comptait, avec le compte rendu de ses conversations, payer sa note d'hôtel.

Si vous connaissez quelque chose d'intéressant qui m'aurait échappé, je vous prie de le signaler à

Votre ami

A. S.

(*Arthur Schopenhauer. Von ihm, Ueber ihn, von* Ernst Otto Lindner, *und Memorabilien, Briefe und Nachlass-stücke von* Julius Frauenstädt; Berlin, 1863. — Grisebach, *Schopenhauers Briefe*, Berlin, 1894.)

1. Élisabeth Ney, petite-nièce du maréchal, était venue de Berlin à Francfort, et avait demeuré pendant un mois chez Schopenhauer, pour faire son buste.

A ADAM DE DOSS.

Adam de Doss a son originalité au sein du groupe qui s'est formé autour de Schopenhauer. Il représente le côté moral du pessimisme.

Il était porté par sa nature au renoncement et à la paix, à l'abdication des énergies vitales. Il se reprochait parfois de ne rien faire pour la propagation d'une doctrine dont la vérité ne lui laissait aucun doute; mais son état de santé lui permettait à peine de remplir les devoirs de sa fonction.

Né à Pfarrkirchen en Bavière, en 1820, il fit ses études de droit à Munich, entra dans la magistrature, prit de bonne heure sa retraite, et, après avoir voyagé d'une ville d'eaux à l'autre, finit par s'éteindre en 1873.

Un fonds de naïveté s'alliait chez lui à l'idéalisme des goûts et à la droiture du caractère. Il s'étonnait, par exemple, que le maître n'eût pas toujours pratiqué dans sa vie l'austérité qu'il semblait imposer à ses disciples. Il pensait, dans la simplicité de son cœur, que le moraliste ne saurait manquer d'avoir lui-même les vertus qu'il recommande aux autres.

Schopenhauer admirait la candeur de Doss et appréciait son dévouement. « Il connaît tous mes écrits, dit-il dans une lettre à Frauenstædt, aussi bien et peut-être mieux que vous. Il a passé deux semaines à Francfort, seulement pour me voir une fois tous les deux jours. »

Sa correspondance avec Schopenhauer a été publiée d'abord dans la Deutsche Zeitung de Vienne (décembre

1872-janvier 1873); elle a passé de là dans le recueil de Schemann. Les lettres de Schopenhauer seules se trouvent chez Grisebach.

Francfort, le 10 mai 1852.

Cher monsieur, Votre longue lettre, que j'ai lue et relue avec grande attention, m'a causé un plaisir extraordinaire[1]. Je suis touché du profond intérêt que vous me témoignez, de la sincérité de votre conviction, du sentiment que vous avez de l'importance des choses. J'y vois comme une récompense, un gage de l'effet que mes écrits produiront dans les temps à venir, et cela d'autant plus que les trois apôtres que vous connaissez s'expriment dans le même sens, chacun à sa manière. Dorguth, qui a près de soixante-quinze ans, ne m'a-t-il pas demandé la date de ma naissance, pour la célébrer avec ses trois filles? Et Becker, maintenant juge de district à Mayence, est venu me voir. Il a emporté les lettres qu'il m'a adressées autrefois, il les classera avec mes réponses, et il fera faire une copie de toute la correspondance, qu'il vous enverra. Il a pris aussi votre longue missive, et il me l'a renvoyée, avec des observations très justes sur vos questions transcendantes. Il dit, par exemple : « Doss veut avoir des

---

1. Adam de Doss envoya à Schopenhauer, au mois d'avril 1852, une lettre qui remplissait plusieurs grandes feuilles, et qui n'était qu'une longue confession. Le problème du mal l'avait tourmenté de bonne heure, et il n'en avait d'abord trouvé d'autre solution que l'athéisme. Il avait vingt-six ans, quand le grand ouvrage de Schopenhauer lui tomba entre les mains. Ce fut pour lui une lumière et une consolation. « Pour la première fois de ma vie, je m'écriai, dans l'ivresse de ma joie : *Eurêka!* J'ai trouvé! » Puis les questions continuèrent de se poser devant lui, mais sans lui laisser la même amertume qu'autrefois. Y a-t-il donc autre chose dans le monde que le flux incessant des êtres qui naissent et disparaissent? Qu'est-ce aussi que la fameuse *chose en soi* de Kant, le fond mystérieux des phénomènes, inaltérable et éternel? Il savait que Schopenhauer avait échangé là-dessus une série de lettres avec Becker. Cette correspondance ne pourrait-elle pas lui être communiquée? Schopenhauer n'avait qu'à encourager un disciple qui lui ouvrait son âme avec une telle franchise.

détails précis sur l'histoire de la *chose en soi*[1]. » Vous savez que sur ces sortes de questions je n'ai pas de réponse, et je n'ai qu'à faire comme Gœthe, qui écrivit un jour dans l'album d'un étudiant, qui lui aussi voulait trop savoir, ces mots : « Le bon Dieu a bien créé les noix, mais il ne les a pas cassées lui-même. »

J'espère, mon cher, que nous nous verrons encore. A en juger par ma parfaite santé et la vigueur que je sens en moi, je puis bien vivre encore vingt ans. En tout cas, je vous souhaite bonheur et santé, et reste

Votre ami

A. S.

Francfort, le 22 juillet 1852.

Cher monsieur, C'est avec une véritable émotion que j'ai reçu votre beau présent. J'y vois la preuve que vous pensez toujours à moi. A peine avez-vous connu cette lithographie, que vous vous êtes souvenu que des portraits de chiens sont le principal ornement de ma chambre. Voilà donc Mentor dans son cadre, comme l'un des meilleurs de la collection, qui comprend maintenant seize pièces. L'État devrait décerner à des chiens qui se distinguent de cette manière une médaille d'honneur, qui serait pendue à leur cou et les préserverait de tous mauvais traitements[2].

Les questions et les scrupules philosophiques qui vous inquiètent sont de ceux qui doivent s'élever dans l'esprit de tout homme qui s'est familiarisé avec ma philosophie. Pensez-vous que si j'avais une réponse là-dessus, je ne la publierais pas? Malheureusement, je ne peux que m'en rapporter à un passage de mon principal ouvrage, où j'ai

1. Le troisième apôtre est Frauenstædt. Schopenhauer les appelle aussi les trois évangélistes. Doss sera bientôt son saint Jean, et dès lors le Testament de la nouvelle confrérie sera complet.

2. Mentor était un grand et beau chien, qui retira de l'Isar un homme qui se noyait. Le peintre animalier Adam fit son portrait à l'huile, qui fut exposé au Cercle des Arts et reproduit en lithographie.

dit : « Nous avons beau allumer notre flambeau et éclairer l'espace devant nous, notre horizon sera toujours borné par une nuit profonde[1]. » Si j'ai réussi à répandre un peu de lumière sur nos environs immédiats, j'aurai beaucoup fait, et je doute fort qu'on fasse jamais davantage. On n'ira pas plus loin, mais peut-être pourra-t-on élargir, c'est-à-dire expliquer, confirmer, comparer, développer. Ne perdez jamais de vue ce qu'est proprement notre intelligence, un simple instrument pour accomplir les fins misérables de nos manifestations volontaires; ce qu'elle fait de plus est presque un abus. Et l'on veut que cette intelligence saisisse, sonde, approfondisse les conditions primordiales de l'être! Elle en est si peu capable, que si la solution de ces problèmes nous était révélée en effet, nous n'y comprendrions absolument rien, et nous resterions aussi sages que devant. Kant et moi nous marchons ensemble sur un long espace; ce qu'il dit subjectivement, je le présente sous forme objective. Le mot de Becker me disant « que vous voulez avoir des nouvelles précises de la *chose en soi* », cache une certaine malice, mais n'est pas sans vérité.

Vous ne devriez pas tant craindre d'être nommé à la campagne. Ce que vous perdez du côté des nouveautés, vous le gagnez en loisir et en repos de l'esprit; car je suppose que vous aurez bientôt épousé votre Dulcinée. Avec quelques livres choisis et un journal, on peut aller loin. Les nouveautés ne sont souvent qu'un dérangement inutile.

Un médecin hongrois qui habite Berlin, le docteur Kormann, m'a fait prier de me faire photographier à ses frais, de face et de profil. C'est fait; il m'a écrit ensuite une lettre très enthousiaste, me disant qu'il avait envie de prendre aux cheveux tous les professeurs de philosophie, qui étaient cause qu'il n'avait connu mon nom que par la revue *Die Zeitgenossen*. C'est vraiment une belle

---

1. *Du besoin métaphysique de l'homme* (*Le Monde comme volonté et comme représentation*, Suppléments du premier livre).

consolation, de savoir qu'après quarante ans de travail, dans ma soixante-cinquième année, les étudiants commencent à connaître mon nom. Personne n'a jamais été traité comme moi. Mais si je n'ai qu'un petit nombre d'apôtres (j'en connais sept jusqu'ici), ils sont tous pleins de zèle, comme vous. Cela me garantit l'influence que j'aurai quand ils seront soixante-dix mille.

Tâchez donc d'avoir un emploi à l'ambassade d'ici : nous pourrons alors philosopher; en tout cas, restez en bonne santé et pensez souvent à

Votre vieil ami

A. S.

Francfort, le 15 août 1853.

Cher monsieur, Je souhaite que la photographie que je vous envoie par le même courrier vous arrive en bon état; je vous prie de la recevoir comme un souvenir de moi. Si j'avais dû en faire faire une nouvelle, elle n'aurait probablement pas été meilleure. Celles que le docteur Kormann avait commandées étaient évidemment supérieures au point de vue de l'exécution, mais nullement pour la ressemblance. Celle que je vous envoie n'est pas parfaite; elle date à peu près du temps de votre dernière visite, mais encore maintenant elle me vieillit. Le peintre qui a retouché les épreuves de Kormann disait qu'il était impossible de me faire ressemblant, parce que je change à chaque instant de visage.

J'ai lu avec grand intérêt votre longue lettre, et j'approuve tout ce que vous dites. La comparaison avec Joseph est très juste [1]. Le critique anglais a raison de dire que mon humeur n'est pas des plus douces [2]; mais je ne

1. Doss comparait Schopenhauer, persécuté par les philosophes, à Joseph vendu par ses frères, et il pensait que le jour était proche où Schopenhauer, ainsi que le vieux patriarche, apparaîtrait à ses ennemis dans l'éclat de sa gloire.

2. Sur l'article de la *Westminster Review*, voir la Correspondance avec Becker, p. 115, n. 1. Le critique anglais insinuait que le pessimisme de

voudrais pas qu'il en fût autrement. Un homme qui n'a pas de sang dans les veines ne peut rien produire. Le proverbe italien est vrai : *chi non ha sdegno non ha ingegno.*

Ce que vous dites des tables tournantes m'a fort intéressé. Le docteur Lindner a déjà publié dans la *Gazette de Voss* un long article, où il présente ces phénomènes comme une confirmation de ma doctrine. Malheureusement, je n'ai pas encore pu m'en assurer par moi-même.

Quant à vous, mon vieil apôtre, à qui il ne manque que le courage pour être un évangéliste, continuez de jouir de la troisième année de vos fiançailles. Le vrai bonheur est celui qu'on espère. Et pensez quelquefois à

Votre ami

A. S.

Francfort, le 11 septembre 1853.

Il faut que je vous exprime, cher monsieur, mes remerciements pour votre lettre très intéressante, très instructive, et de plus très bien écrite. Vous rendriez service au public, si vous vouliez en publier le contenu, en omettant les noms des personnes, dans un journal quelconque, par exemple dans la *Allgemeine Zeitung.* Bien des choses seraient sans doute nouvelles pour vos lecteurs, comme elles le sont pour moi, particulièrement l'expérience avec l'huile et l'influence de l'obscurité[1]. Ce serait un utile contrepoids pour l'arrogance des Faraday et consorts, qui a déjà trouvé un écho dans beaucoup de feuilles allemandes

Schopenhauer pouvait bien avoir sa source dans le caractère du philosophe et dans les expériences de sa vie.

1. On se huilait les mains, et l'on huilait le dessus de la table, pour être sûr qu'elle ne cédait à aucune pression mécanique. — Doss ne suivit pas le conseil de Schopenhauer; il n'était pas assez convaincu du caractère scientifique des expériences pour en publier les résultats. Il dit dans sa lettre du 2 septembre : « Un tempérament nerveux, surtout chez les femmes, est d'un grand effet. J'ai observé une table ronde, entourée de huit personnes bien musclées, des servantes et des manœuvres; ces pauvres gens restèrent là quatre heures durant; les bras leur tombaient de fatigue, mais la table ne bougeait pas. »

et françaises; ce serait une barrière contre le matérialisme, qui se targue de son ignorance philosophique, et qui, ne connaissant que ses cornues et ses alambics, se fait fort d'expliquer le monde et l'homme.

Vous êtes du petit nombre des gens qui ont trop mauvaise opinion d'eux-mêmes. Frauenstædt, à qui j'avais communiqué votre précédente lettre, m'écrit ceci : « La lettre de Doss est classique par endroits, et m'a réellement édifié. Un élève comme lui mérite toute considération et vous fait grand honneur. C'est par les élèves qu'on juge le maître. Aussi bien les hégéliens et les schellingiens sont comme Schelling et Hegel; mais, pour les kantiens et les schopenhaueriens, quelle différence! »

Frauenstædt a écrit un volume de *Lettres sur les vérités fondamentales de la philosophie de Schopenhauer*; on mettra en tête une traduction revue et corrigée de l'article anglais. L'impression n'est pas encore commencée.

Avant-hier, un docteur Kriegskotte de Clève et Berg est venu me voir et m'a exprimé son admiration. Eh bien! oui, les signes de mon influence se multiplient, mais cela va lentement, et je dois m'appliquer le proverbe italien :

> *Bel cavallo non morire*
> *Ch' erba deve venire.*

Que le ciel vous bénisse et vous conserve!

A. S.

Francfort, le 11 mars 1854.

Je viens à mon tour, cher monsieur, vous offrir mes félicitations[1]. Vous voilà enfin fonctionnaire et marié. C'est le but de tout désir humain. Ce qui me réjouit surtout, c'est que, après trois mois de mariage, vous

---

1. Doss avait félicité Schopenhauer pour le soixante-sixième anniversaire de sa naissance.

parlez toujours avec le même enthousiasme de votre femme : c'est un grand point et un gage pour l'avenir. Si vous n'avez plus de temps à donner aux études, vous avez bien profité de vos loisirs précédents pour approfondir ma philosophie, et vous êtes maintenant en possession d'une règle et d'une mesure pour vos expériences à venir.

En même temps que votre lettre pour mon anniversaire, j'ai reçu des félicitations d'un homme qui m'est complètement inconnu, un nommé C. Schütz, professeur au Gymnase de Bielefeld ; il m'exprime sa profonde vénération, et m'envoie ses œuvres complètes, qui sont en grande partie des traductions du sanscrit.

En général, je remarque de plus en plus qu'on me lit et qu'on me considère. Récemment a paru une *Histoire de la Philosophie* de Weigelt, en conférences populaires faites à Hambourg ; un quart du livre est un éloge de ma philosophie[1].

J'ai assisté enfin à une séance de tables tournantes. Il y avait là une jeune femme si bien douée, qu'à elle seule, en un instant et sans difficulté, elle fait valser la table. J'ai pu continuer mon observation pendant deux heures, et, dans ma conviction, les phénomènes sont réels. Le physicien connu Wagner prétendait *mordicus* que les faits étaient mécaniques. C'était une séance scientifique, organisée pour moi par Kilzer. J'attends encore une autre occasion. Il ne pouvait pas être question de tromperie, nous étions tous d'accord là-dessus.

Cela me fera plaisir de vous voir un jour ici avec votre femme ; d'ici là, je vous souhaite bonheur et santé.

Votre vieil ami

A. S.

Francfort, le 10 janvier 1855.

Cher monsieur, J'ai été heureux de recevoir votre lettre, car je commençais à m'inquiéter, ayant été longtemps

1. Sur Weigelt, voir la Correspondance avec Becker, p. 120, n. 1.

sans avoir de vos nouvelles, et sachant quel hôte malfaisant sévissait à Munich[1]. De plus, j'ai appris avec plaisir que, après des années écoulées, vous vous sentez encore aussi heureux dans votre ménage : c'est un cas rare, un gros lot dans la loterie de la vie. Je vous félicite pour votre paternité, tout en souhaitant de ne pas avoir à vous refaire la même félicitation trop tôt et trop souvent.

Je vous remercie pour votre aimable invitation, mais je suis un champignon rivé au sol; je ne voyage pas sans nécessité. Au mois de décembre, j'ai reçu une invitation pareille de Zurich. Il y a là toute une colonie d'esprits distingués, vivant dans l'exil, à qui est interdit le sol allemand, et qui par conséquent ne peuvent venir me voir ici : Richard Wagner, le Hongrois Herwegh, leur porte-parole, enthousiaste pour ma philosophie, d'autres encore. C'eût été charmant pour moi!

Votre lettre contient beaucoup de choses, et il y aurait beaucoup à y répondre, mais ma plume est paresseuse.

Vous croyez donc, vous aussi, aux calomnies de cette misérable feuille, les *Grenzboten*. Pour moi, il ne m'est resté aucun doute sur l'authenticité des opérations de Regazzoni, et tous les gens intelligents pensent comme moi. Je n'ai donc pas hésité à lui donner mon témoignage dans son album. Mais quatorze médicastres d'ici, la plupart jeunes, en grande partie Juifs, ont fait, soit par ignorance, soit par envie, une déclaration publique, concluant à la supercherie. Je sais que l'un de ces messieurs n'était pas présent à la séance, et un autre a regretté ensuite d'avoir donné sa signature[2].

L'école a fait une perte sensible. L'évangéliste primitif Dorguth est mort du choléra à soixante-dix-sept ans. Deux jours avant sa mort, il lisait encore *la Volonté dans la nature*, que je venais de lui envoyer : c'est sa fille qui m'a annoncé cela. Sa dernière lettre, écrite six jours avant

1. Le choléra passa sur toute l'Europe en 1854 et 1855.
2. Sur Regazzoni, voir la Correspondance avec Frauenstædt, p. 187.

sa mort, témoigne encore de son active propagande, car il venait de gagner un professeur de Gœttingue. Ainsi, fidèle jusqu'à la mort.

Les ennuis que vous causent vos fonctions, me touchent [1]. Songez qu'ils peuvent servir à vous fortifier dans votre pessimisme. Je crois aussi que les qualités qui vous distinguent, doivent vous procurer un prompt avancement.

Comme livre d'édification, je vous recommande les *Écrits Tamuliques* de Graul; même le *Centralblatt*, qui m'est hostile, les signale aux adhérents de ma philosophie [2].

Je vous recommande de même l'édition nouvelle et seule authentique de la *Théologie allemande*, qui a paru à Stuttgart en 1851, et ensuite, avec une version en allemand moderne, en 1854. C'est une lecture qui fortifie et élève l'esprit.

Que le ciel continue de vous donner la santé et le bonheur domestique.

A. S.

Francfort, le 17 février 1856.

Cordial remerciement, cher monsieur, pour votre belle poésie [3]. Elle a été, à ce que l'on m'assure, généralement

---

1. « Mes fonctions m'amènent souvent à conférer avec les particuliers dans leur demeure, à faire exécuter des jugements, à dresser des inventaires, à régler des litiges. J'y trouve l'occasion d'étudier sur place les conditions d'existence des différentes classes de la société. Il m'arrive fréquemment de passer dans une même journée des réduits les plus sales de la pauvreté aux résidences les plus somptueuses de la richesse. Je vois partout les hommes en butte à l'infortune et aux tentations du crime. Je rencontre partout la ruine et le deuil, et je n'ai qu'à appliquer à mes expériences la mesure de votre philosophie. » (Doss à Schopenhauer, le 30 février 1854.)

2. Karl Graul était directeur de l'Institut des Missions à Leipzig. Pendant un séjour en Orient, il fit des recherches sur la langue primitive de l'Inde, dont il consigna les résultats dans : *Bibliotheca Tamulica*, 4 vol., Leipzig, 1854-1865.

3. Doss, dans sa poésie, comparait Schopenhauer à un Roi de la Table Ronde, faisant la conquête du Saint-Graal.

admirée ici, et elle est réellement très bonne. Elle produira de l'effet, car la feuille où elle a paru a beaucoup de lecteurs. Vous avez donc perdu votre virginité littéraire, malgré l'aversion que vous manifestiez autrefois pour le noir d'imprimerie. Avec le temps, vous ferez encore mieux, car vous vous êtes assimilé ma philosophie plus complètement qu'aucun autre.

Une autre poésie m'a été envoyée de Silésie par une demoiselle Jeanne-Marie de Gayette, très bonne aussi, et où ma destinée est présentée par le côté tragique. Elle voulait la faire paraître dans un journal quelconque, mais n'a pas encore pu y réussir.

Votre bonheur domestique me réjouit au fond de l'âme, d'autant plus qu'il est rare. Il faut espérer qu'il durera. Mais que le ciel vous préserve d'avoir beaucoup d'enfants!

J'admire qu'avec vos fonctions et les dérangements de la vie de famille, vous puissiez encore poursuivre vos études bouddhiques et même apprendre l'anglais. Vous avez raison de louer le premier volume des *Écrits Tamuliques* de Graul; je m'y suis édifié moi-même; mais vous auriez pu consacrer moins de temps à ses récits de voyage, que du reste je ne connais pas. Samuel Turner décrit parfaitement l'influence pratique du bouddhisme et la vie de couvent, dans son *Voyage à la cour du Lama*, qui a été traduit en allemand. Lui et ses compagnons, ce sont des Anglais et des employés civils, qui ont demeuré dans les couvents, qui ont tout vu de près, et qui ne mentent pas.

Frauenstædt doit publier cette année un livre contre le matérialisme, tout à fait d'après mes principes. Lindner écrit quelque chose en collaboration pour répandre ma philosophie.

Büchner, dans la 3ᵉ édition de son mauvais livre, *Force et Matière*, a l'impertinence de se moquer dans sa préface de l'approbation que j'ai donnée à Regazzoni, et il donne comme motto à un de ses chapitres un passage de *la Volonté dans la nature*, en le signant du nom de Kant.

Que le ciel vous conserve longtemps dans votre bonheur domestique, c'est ce que souhaite

Votre ami

A. S.

Francfort, le 14 mars 1858.

Cher monsieur, Avec ses amis on ne se gêne pas : c'est pourquoi vous êtes le dernier que je remercie pour votre lettre de félicitation. Il m'en est arrivé une dizaine ; la dernière est de l'ambassadeur du Hanovre à Berlin, le comte de Kniephausen. Beaucoup de journaux ont annoncé mon anniversaire. Le sieur Wiesike, du Plauenhof, le possesseur de mon portrait à l'huile, m'a envoyé une coupe de près de deux pieds de haut, avec une inscription empruntée aux *Parerga*, mais que je n'ai pu retrouver. Il y avait de singulières lettres dans le nombre, l'une venant d'un marchand de fleurs de Haarlem, *myn Heer van Eeden*. Quant à votre lettre, je l'ai envoyée à Becker. Son cabinet de travail a été détruit par une explosion ; tous les tableaux ont été lancés au loin, à l'exception de mon portrait, qui est resté pendu à son clou : la Vierge Marie a eu seule des fortunes pareilles.

Je vous félicite pour votre avancement, qui vous fera gagner du temps et de l'argent. Mais gardez-vous de diminuer vos heures de sommeil pour la lecture. C'est là une grande sottise ! Le sommeil est la source de la santé et de la vigueur, aussi de la vigueur intellectuelle. Je dors toujours mes sept heures, souvent huit, quelquefois neuf. Aussi je fais la grimace à mes soixante-dix ans, et à ce que dit le livre des Psaumes sur les différents âges de l'homme.

Le livre de Kœppen sur le bouddhisme est un bon manuel [1]. Il témoigne d'un grand zèle et de beaucoup de lecture. Kœppen connaît tout. Ses sots sarcasmes sont un reste de venin hégélien, toujours difficile à extirper ; mais ils ont cela de bon, de montrer que le bouddhisme,

---

1. Karl Friedrich Köppen, *Die Religion des Buddha und ihre Enstehung*, Berlin, 1857.

même présenté sans goût et sans amour, est toujours une chose magnifique.

J'ai lu récemment les lettres de l'abbé de Rancé, qui ont été imprimées à Paris en 1846. Il y a beaucoup de parties qui manquent d'intérêt, mais aussi des passages qui ouvrent des vues sur le véritable ascétisme. Je lis en ce moment maître Eckhard dans l'édition de Pfeiffer. C'est très intéressant, une vraie confirmation de ma philosophie ; mais je préfère encore la *Théologie Allemande*.

J'ai commandé les *Operette morali* et les *Pensieri* de Leopardi, mais je ne tiens pas aux œuvres complètes [1]. Vous devriez en faire l'objet d'un petit article ; cela vous donnerait une place parmi les évangélistes.

Un monsieur Morin, de la *Revue de Paris*, voyage pour connaître la littérature allemande ; il est venu me voir. Un monsieur Zingerle voyage pour la *Revue germanique*, qui paie deux cents francs la feuille ; il a demandé à Lunteschütz qui pourrait faire la meilleure exposition de ma philosophie ; celui-ci lui a donné le nom d'Asher, avec mon assentiment. Ce Zingerle est une espèce de recruteur littéraire, parcourant l'Allemagne.

Je vous souhaite de tout cœur santé et bonheur.

Votre ami

A. S.

Doss à Schopenhauer.

Le 20 février 1859.

Au mois d'avril prochain finira la première dizaine d'années de mes relations personnelles avec vous. Ce ne

---

1. Il est étonnant que Schopenhauer, qui savait l'italien, soit resté si longtemps sans aucune notion de Leopardi, le plus éloquent des pessimistes ; il a fallu que Doss le lui révélât, dans trois lettres, longues, détaillées, pressantes, le lui montrant comme un commentaire poétique de sa philosophie. Il dit dans une de ces lettres : « Ce fut un singulier coup du sort que, vers l'année 1820, les trois plus grands prophètes de l'éternelle douleur du monde, Arthur Schopenhauer, Lord Byron et le comte Leopardi, aient séjourné en même temps dans la patrie de l'Arioste, qui était aussi celle du Dante, sans pouvoir se connaître. »

fut pas sans un serrement de cœur que j'entrai pour la première fois dans votre cabinet d'étude, alors solitaire. Un jeune homme sans nom, sans aucune recommandation auprès de vous qu'une connaissance superficielle de vos ouvrages, devait se trouver face à face avec un homme d'une intelligence supérieure, dont il voyait déjà en imagination le front ceint de la couronne de gloire que le siècle ingrat n'a accordée qu'à sa grise vieillesse. La franchise de votre accueil a d'abord soulagé mon cœur, et je pris dès lors la résolution, à laquelle je resterai fidèle, de vous communiquer, soit par la parole, soit par la plume, mes ravissements, et aussi mes doutes sur votre doctrine. Simple dilettante que j'étais, et pris dans les liens de mes fonctions, je ne pouvais exprimer que d'une manière incomplète ce qui remplissait mon âme; mais l'intérêt bienveillant que vous preniez aux fruits de mes pauvres loisirs, un intérêt digne d'un sage de l'antiquité, ne s'est jamais refroidi. Dans des conversations et dans des lettres, vous me donniez mainte indication pour la parfaite intelligence de vos écrits, et aucune année ne s'est passée sans que vous m'ayez fait part des observations intéressantes de tel ou tel de vos correspondants sur votre philosophie. Il est donc juste que je vous remercie, au terme de cette première dizaine, pour toutes les preuves de votre bienveillance, et je souhaite ardemment que la prochaine dizaine s'écoule pour vous aussi tranquille et aussi heureuse, et vous conserve dans les mêmes sentiments pour moi. Je vous avouerai franchement que, à part mon bonheur domestique, rien n'a jeté un tel rayon de joie sur ma vie obscure que les belles relations que j'ai eues avec vous.

Schopenhauer à Doss.

Le 1ᵉʳ mars 1859.

Je n'ai pas besoin de vous dire, cher monsieur, le bien que me fait votre fidèle attachement et l'intérêt que vous me témoignez. Ce n'est pas sans une profonde satisfaction que j'ai lu votre dernière lettre. Les éloges persistants que vous donnez à Leopardi ont fait que je me suis procuré ses œuvres; je les ai reçues enfin l'automne dernier, dans la quatrième édition de 1856, avec un portrait de Leopardi sur son lit de mort comme frontispice. Je les ai lues et relues, et j'en ai vraiment joui. Cependant la prose de Leopardi me plaît mieux que ses vers; un petit nombre seulement de ses poésies me satisfont tout à fait.

Lindner, sans que je lui aie écrit là-dessus, a traduit plusieurs dialogues dans sa *Gazette de Voss*, et, dans la préface et dans la postface, il a tracé un très bon parallèle entre Leopardi et moi. Il ne sait pas bien l'italien, mais cela ne l'empêche pas d'annoncer une traduction complète. Ce qui vous amusera, c'est que la *Rivista Contemporanea* ouvre son numéro de décembre par un dialogue de quarante pages, intitulé : *Schopenhauer e Leopardi*. L'auteur, De Sanctis, donne une exposition très juste de ma doctrine; il la connaît à fond, s'en est pénétré, et en a éprouvé la profonde vérité. Il n'a pas, comme les professeurs allemands, pris au hasard tel ou tel lambeau de mes écrits; il les a tous sous la main, et il trouve d'abord le passage dont il a besoin. Que Leopardi ait été pauvre, cela ne ressort ni de ses écrits, ni de sa biographie; on y parle du château de ses pères et de la bibliothèque qui s'y trouve.

Depuis six mois, je suis très occupé; je travaille à la troisième édition de mon ouvrage principal, qui est épuisé, et où je ferai des additions. Brockhaus me paie en gémissant trois louis par feuille.

La *Revue Germanique* a traduit très bien un chapitre des *Parerga*. La *Revue Française* a donné par deux fois de mauvaises traductions d'Alexandre Weil.

Vous verrez le livre d'Asher, qui m'est dédié; c'est manqué; mais il donne un passage remarquable de Mme de Staël, que je ne connaissais pas. On pourrait croire que j'ai pris là l'idée de mon livre, mais un système comme le mien ne s'explique pas par une inspiration étrangère[1].

Ne voilà-t-il pas que le professeur Weisse, dans une note d'un article sur Schelling, signale la clarté de mon exposition comme un défaut[2]?

Gœbel, le meilleur peintre d'ici, vient de terminer mon portrait à l'huile; il l'a exposé, et il va le reproduire en gravure. Lunteschütz a deux portraits de moi en train.

Ouvrages littéraires inspirés par ma philosophie : *Die Himmelsstürmer*, un drame de deux cents pages; *Sturm und Compass*, un roman de Lindner; *Sansara* d'Alfred Meissner, dans la préface.

Huit lettres, un sonnet et quatre volumes me sont arrivés; il faut lire tout cela, et répondre; et voici encore deux tragédies. Avec cela, mon travail. Il faut que je termine. Je le fais avec mes meilleurs souhaits pour votre santé et votre bonheur.

A. S.

Le 1ᵉʳ mars 1860.

Remerciement cordial, cher monsieur, d'abord pour les nouvelles félicitations que vous m'adressez à l'occasion de mon anniversaire, ensuite pour tous les renseignements que vous me fournissez au cours de vos lectures, et

---

1. Le livre d'Asher, *Arthur Schopenhauer als Interpret des Gœthe'schen Faust* (Leipzig, 1859), est une explication pessimiste du *Faust*, aujourd'hui complètement oubliée. Schemann, dont les *Schopenhauer-Briefe* ont paru en 1893, déclare déjà le livre introuvable. — Le passage tiré de *l'Allemagne* de Mme de Staël (3ᵉ partie, chap. x) est le suivant : « L'homme parvient par la chimie, comme par le raisonnement, au plus haut degré de l'analyse, mais la vie lui échappe par la chimie, comme le sentiment par la raison. Quoi qu'il en soit, la volonté qui est la vie, la vie qui est aussi la volonté, renferment tout le secret de l'univers et de nous-mêmes, et ce secret-là, comme on ne peut ni le nier, ni l'expliquer, il faut y arriver nécessairement par une espèce de divination. »

2. Sur le professeur Christian Weisse, de Leipzig, voir les *Conversations avec Karl Bæhr*, p. 33.

enfin pour le numéro de la *Münchner Abendzeitung* que vous m'envoyez. Lindner, de Berlin, m'avait déjà communiqué ce numéro; mais vous m'obligerez toujours en mettant simplement sous bande à mon adresse les choses de ce genre qui vous tomberont sous la main. Je ne vois pas la moitié de ce qui s'imprime sur moi. Ce qui me plaît le plus dans cet article, ce sont les regrets que l'auteur exprime sur ma popularité croissante. Ce qu'il dit, à la fin, de la meute de chiens qui m'accompagne, se rapporte aux gravures accrochées aux murs autour de ma chambre; un visiteur quelconque en aura été frappé, et, la nouvelle passant de bouche en bouche, toutes ces bêtes sont devenus vivantes.

J'ai lu ce que la revue *Ausland* dit de Renan; et je suis de votre avis. J'ai lu récemment, dans la *Revue des Deux Mondes*, quelques pages de lui, qui ne m'ont pas donné de lui une haute opinion; il manque de décision, de précision; c'est du bavardage, qui va de-çi, de-là.

J'ai lu un long extrait de Darwin dans le *Times*; il n'y a là aucun rapport avec ma théorie; c'est du plat empirisme, insuffisant en pareille matière; c'est une variation de la théorie de Lamarck.

Les symptômes de ma célébrité se multiplient. Sans parler des lettres étranges et des visites que je reçois, il a paru dans la *Novellen-Zeitung* une description déplaisante de ma personne à table d'hôte, de Mme Bœlte, très fâchée de ce que, pendant huit jours qu'elle s'était assise à côté de moi, je n'avais pas voulu converser avec elle; son intention était de faire un compte rendu de notre « spirituel » entretien, qui l'aurait aidée à payer sa note d'hôtel.

Dans la *Konstitutionelle Zeitung*, il y a une longue énumération de tout ce que j'aurais dit à un baron Eberstein et à un avocat qu'il m'aurait présenté; c'est sans malice, mais quelle indiscrétion! et quelle mémoire! C'est l'avocat qui a rédigé cela; c'est généralement exact, mais fort banal.

Au mois d'octobre, l'artiste sculpteur Élisabeth Ney,

petite-nièce du maréchal, est venue ici de Berlin pour faire mon buste. Elle a vingt-quatre ans, est fort jolie et d'une amabilité extraordinaire. Elle a travaillé chez moi pendant un mois, sans perdre un jour, dans une chambre à part que je lui avais fait arranger dans mon nouvel appartement. Elle faisait venir son dîner du restaurant voisin, et l'après-midi, lorsque je rentrais, elle prenait le café avec moi. Parfois même, elle m'accompagnait dans mes promenades, et nous courions à travers champs le long du Mein. Nous nous entendions parfaitement. Le buste a été exposé pendant quinze jours ; tout le monde l'a trouvé très ressemblant et très bien exécuté.

Vous avancez. Bravo ! Bon courage ! Mais je regrette vivement ce que vous me dites de votre santé. L'insomnie est un symptôme inquiétant. Croyez-moi, marchez chaque jour deux heures, seul et d'un pas rapide : cela vous fera plus de bien que toutes les villes d'eaux, et cela ne coûte rien. Sans mes promenades, je ne serais pas, à soixante-douze ans, vaillant comme je suis et comme je reste

Votre vieil ami

A. S.

(Schemann, *Schopenhauer-Briefe*, Leipzig, 1893.)

A OTTO LINDNER.

Ernst Otto Lindner est un tard venu dans le groupe des adhérents de la philosophie pessimiste. Il est né à Breslau, en 1820. Il prit ses grades à l'université de Berlin, mais se vit refuser l'autorisation d'enseigner, à cause des opinions qu'il manifestait. C'était un esprit sarcastique et frondeur. Exclu de l'université, il se fit journaliste. Il entra à la rédaction de la Vossische Zeitung, dont il prit bientôt la direction. Il n'était encore que kantien; la lecture des Parerga lui apprit que Kant avait trouvé un successeur.

En 1853, il communiqua à Schopenhauer un article de la Westminster Review, dont le titre, Iconoclasm in German Philosophy, annonçait une révolution dans la philosophie allemande; il fit même traduire l'article par sa femme, qui était Anglaise. Il publia également dans son journal des fragments de Leopardi en traduction allemande.

Lindner était un philanthrope; il s'occupait beaucoup de l'instruction des classes populaires. Il avait du talent pour la musique et de l'autorité comme critique musical. Son ouvrage sur les origines de l'opéra allemand (Die erste stehende deutsche Oper, 1855) a gardé de la valeur.

Il est mort à Berlin en 1867, laissant un travail inachevé sur la poésie populaire en Allemagne au XVIIIe siècle, qui a été publié par ses amis.

Francfort, le 9 mai 1853.

Très honoré monsieur, C'est un vrai réconfort dans la vieillesse, quand les amis de notre jeunesse nous ont été enlevés presque tous par la mort, de retrouver des amis jeunes, dont le zèle surpasse celui des anciens. Et notre satisfaction est double, quand ce n'est pas à des circonstances fortuites que nous devons ces nouveaux amis, mais à la meilleure et à la plus noble partie de nous-mêmes. J'ai le bonheur de posséder quelques-uns de ces amis jeunes; mais vous êtes le meilleur d'entre eux, car vous ne remplissez pas seulement mes vœux, mais vous savez les prévenir. C'est ainsi que vous m'avez envoyé la *Westminster Review* trois semaines avant le libraire. Je vous la retourne avec mon plus vif remerciement. L'article m'a fait grand plaisir; je l'ai lu jusqu'à trois fois. Tout ce que vous en dites est parfaitement juste. Cet homme parle avec une chaleur extraordinaire, et l'on voit qu'il cherche à se modérer, dans la crainte de passer pour être partisan d'un hérétique, d'un athée et d'un fils du diable comme moi. Il commence par louer, puis il se met un frein, pose des restrictions et des réserves; mais les Anglais ne s'y laisseront pas prendre, et l'effet ne manquera pas de se produire. L'exposé de mon système est défectueux, surtout pour la partie morale; on ne voit pas bien la parfaite unité de l'ensemble; la primauté de la volonté et le rôle secondaire de l'intelligence ne ressortent pas assez. Ce qu'il y a de mieux, c'est, comme vous le dites, le commencement, c'est-à-dire mes rapports avec les professeurs et la conduite de ces misérables.

Pour ces gens, l'article sera une nouvelle et vraie calamité; ils n'en parleront pas, mais le souhaiteront au diable. C'est une raison de plus pour que vous, mon excellent apôtre, vous trouviez moyen d'en dire quelque chose aux lecteurs allemands. Vous êtes du petit nombre de ceux qui savent réellement l'anglais. Quant aux autres, c'est ou la capacité ou la bonne volonté qui leur manque.

Voilà, en effet, trente-cinq ans que les gueux ont voulu m'étouffer au berceau. Ils n'ont pu m'empêcher de venir au monde, comme le proclame le critique anglais; mais encore maintenant ils veulent me faire passer pour un homme mort, pour un fossile. Oh! les misérables! Mais patience! Je vous ferai encore voir que je ne suis pas mort.

En attendant, jeunes et vieux prennent fait et cause pour moi. Je suis sincèrement

le vôtre

A. S.

Francfort, le 9 juin 1858.

Cher monsieur, Votre envoi m'a fait grand plaisir[1]. Avant tout, j'adresse mon cordial remerciement à Mme Lindner, qui s'est imposé un travail singulièrement abstrait et métaphysique pour une femme. Et quand je me représente ce jeune couple, qui sacrifie son temps et sa peine pour travailler à ma gloire, il y a là de quoi toucher un vieux célibataire comme moi.

Ces recrues anglaises nous viennent fort à propos, mais que feraient-elles sans la caisse de résonance de votre journal? C'est ainsi, en effet, que le Chevalier de la triste figure qui siège à Gœttingue[2] vient de présenter, dans trois longs articles de la *Deutsche Monatsschrift*, une histoire de la philosophie depuis Kant, sans même me consacrer une syllabe; il déclare à la fin que les trois sophistes qui sont venus après Kant seront vénérés par la postérité à l'égal de Platon et d'Aristote. Vous voyez que l'Anglais vient à propos.

Il est vrai qu'un journal comme le vôtre, qui est lu de 30 000 personnes, crée une vraie publicité, plutôt qu'une revue savante qui s'adresse à quelques centaines de

---

1. Il s'agit de l'article de la *Revue de Westminster*, traduit par Mme Lindner pour le *Journal de Voss*.

2. Schopenhauer joue sur le nom de Ritter, en l'appelant *der Ritter von der traurigen Gestalt.* Heinrich Ritter, professeur à Gœttingue, est l'auteur d'une *Histoire de la philosophie* en douze volumes (Hambourg, 1829-1853), qui s'arrête à Kant, et à laquelle se rattache un *Versuch zur Verständigung über die neueste deutsche Philosophie seit Kant* (2e éd., Brunswick, 1853).

lecteurs. Il est vrai aussi que ce grand public est très mêlé, mais il contient néanmoins de bons éléments. En attendant, puisque votre traduction existe, qu'elle est très bonne et très exacte, et qu'il faut en profiter, mon idée serait que vous la donniez à un libraire, qui la ferait réimprimer et la publierait en brochure. On pourrait ainsi la lire avec suite, et l'effet en serait plus durable. L'habitude de réunir ce qui a paru par fragments est maintenant générale; le chevalier susnommé a fait ainsi avec son histoire mortellement ennuyeuse des trois philosophastres qui se sont dits disciples de Kant.

Avec tous mes sentiments reconnaissants,

Votre

A. S.

Francfort, le 26 juin 1853.

Doctor indefatigabilis!

Ce titre vous convient par analogie avec les scolastiques, qui s'appelaient *doctor angelicus, doctor subtilissimus, doctor irrefragabilis, doctor resolutissimus*, etc. N'avez-vous pas déterré à grand'peine cette vieille revue anglaise, et ne l'avez-vous pas copiée *in extenso* de votre propre main [1]? Recevez-en mon cordial remerciement et la promesse, sur la foi de Bouddha, que vous en serez récompensé dans votre existence future.

La copie est parfaitement lisible, et ma curiosité est satisfaite. Il est vrai que cet article est faible en comparaison de l'autre, et il est peut-être superflu de le traduire. Néanmoins une traduction ne me déplairait pas, car elle servirait à dévoiler la nudité des professeurs de philosophie. Une citation de Lewes montre que la vraie philosophie n'a pas son siège dans les universités. L'article traite uniquement de ma dissertation *Sur la philosophie universitaire* et du rapport ou plutôt du désac-

---

1. Lindner avait retrouvé, dans la même *Revue de Westminster*, un autre article, plus ancien, sur Schopenhauer.

cord qui existe entre moi et les universités. L'auteur de l'article s'attend à ce que les professeurs répondront, ne pouvant demeurer plus longtemps dans leur superbe silence. Jusqu'ici, ils n'en ont rien fait. Muets comme des carpes! Cependant, à la suite des soufflets qu'ils ont reçus, ils commencent à s'apercevoir de ma présence, et ils parlent de moi comme d'un collègue qui pourrait bien figurer à côté d'eux.

On voit que le critique anglais a appris à me connaître par les *Parerga*; il s'est procuré ensuite mes œuvres complètes, et il en a conçu un enthousiasme qu'il cherche à dissimuler de son mieux, étant donné le mépris qui règne en Angleterre sur la métaphysique allemande.

Sur ce, recevez encore mes remerciements et mes souhaits de bonheur.

A. S.

Francfort, le 3 novembre 1858.

Cher monsieur, Recevez mes remerciements tardifs pour votre livre [1]. Je n'ai pas voulu vous écrire avant de l'avoir lu en entier, et je ne dispose que d'une petite heure dans la soirée pour des lectures légères. Votre roman est très bon; il est bien composé; les caractères sont soutenus, les situations variées; on trouve partout une grande connaissance du monde et de l'humanité et des réflexions intéressantes. Votre raccourci de la Révolution est excellent. Quant à une application de ma philosophie que vous promettez, je ne peux pas la trouver dans le livre, quoiqu'il y en ait quelque apparence vers la fin; mais il faut dire que c'eût été difficile. Mais j'ai vu avec plaisir que vous me citez souvent et avec éloge. Comme je pense que vous mettrez encore au monde d'autres enfants de ce genre, je ne peux pas m'empêcher de vous faire une critique à bonne intention : votre dialogue, quand

---

1. Un roman soi-disant pessimiste, intitulé *Tempête et Boussole* (*Sturm und Kompass*), composé par Mme Lindner et revu par son mari.

il porte sur des sujets sérieux, est parfois trop tendu ; il y faudrait plus de légèreté et de naturel : prenez Walter Scott pour modèle.

Je pousse vigoureusement ma troisième édition, mais c'est long. Je n'ai pas encore conclu avec Brockhaus, car nous ne savons pas si ce sera une édition complète de mes œuvres, ou seulement une réédition de mon ouvrage principal. Brockhaus paraît tenté de faire une édition complète, mais il faudrait pour cela qu'il s'entendît avec mes éditeurs précédents.

Il y a dans le *Journal des Débats* un article de Frank. Cet homme a une sainte horreur de moi, mais au moins, de ce côté-là, on sait que j'existe. Tenez parole, *doctor indefatigabilis*, et communiquez-moi tout ce qui vous tombe sous la main. Je n'en connais, hélas ! pas la moitié.

Mon plus vieil et meilleur ami, le docteur Emden, vient de mourir. C'est pour moi une perte irréparable, et j'en suis profondément affligé. C'est le malheur de la vieillesse : on perd ses amis. Il faut que je me console par les jeunes qui viennent les remplacer, et parmi lesquels je vous compte en première ligne.

Mes hommages à votre aimable femme. Vivez heureux et longtemps.

A. S.

Francfort, le 23 février 1850.

Cher monsieur, C'est un grand plaisir que vous venez de me faire, et je vous en remercie mille fois[1]. C'est un grand pas en avant, et qui m'ouvre le chemin de l'Italie. J'ai lu deux fois l'article très attentivement, et j'ai été étonné de voir comme cet Italien a compris ma philosophie et se l'est assimilée. Il ne se contente pas d'aligner des extraits, comme font les professeurs allemands. Non,

---

1. Lindner avait communiqué à Schopenhauer un numéro de la *Rivista Contemporanea*, contenant le dialogue de De Sanctis, intitulé *Schopenhauer e Leopardi.*

il a tout converti *in succum et sanguinem*; il a tout sous la main et en dispose à son gré. De plus, il est persuadé de la vérité de ma doctrine, et il en parle, même avec enthousiasme, mais il croit devoir amuser son public par des plaisanteries sarcastiques à mon adresse. Parfois aussi, il me loue trop, aux dépens de Leopardi, que j'admire beaucoup. Je ne m'arrête pas à quelques mots de blâme à la fin, qui reviennent à dire que la jeune Italie n'a pas plus que notre racaille de 1848 trouvé en moi son homme.

C'était hier mon 71e anniversaire : huit lettres de félicitation, un sonnet, un frais bouquet venant de Berlin, trois broderies de perles; enfin deux livres : l'un a pour auteur Asher et m'est dédié[1]; dix jours après la première annonce, quatre cents exemplaires en ont été commandés, peut-être parce que mon nom se trouvait sur le titre.

Je vous retourne le numéro de la *Rivista*. Continuant de me recommander à vous, je suis votre dévoué et reconnaissant

A. S.

Francfort, le 21 novembre 1859.

Cher monsieur, Voilà longtemps que je n'ai reçu de vos nouvelles. J'espère que vous et Mme Lindner vous vous portez bien et que vous persévérez dans le service des Muses.

La troisième édition de mon ouvrage principal paraîtra cette semaine, et Brockhaus est chargé de vous en envoyer un exemplaire, que je vous prie de recevoir comme témoignage de reconnaissance pour les services que vous rendez à ma philosophie.

La gravure d'après le portrait à l'huile de Gœbel est à peu près terminée; il n'y manque plus que quelques traits. J'y ai l'air d'une vieille grenouille.

---

1. Le commentaire du *Faust* de Gœthe. Voir la Correspondance avec Adam de Doss, p. 213-214.

Peut-être l'artiste sculpteur Mlle Ney vous est-elle connue? Au cas contraire, vous perdez beaucoup; je ne croyais pas qu'il pût exister une si aimable jeune fille. Elle est venue de Berlin au commencement d'octobre pour faire mon buste. Elle y a parfaitement réussi. Son œuvre fait l'admiration générale, et l'on assure qu'aucun sculpteur d'ici ne pourrait faire aussi bien. Le buste sera envoyé à Berlin, où l'on en fera des reproductions.

Le sculpteur travaille dans des conditions défavorables; son œuvre peut être reproduite aussi bien qu'une gravure, mais il n'a pas, comme le graveur, un éditeur qui se charge de la publicité. Il faut donc qu'il ait recours aux journaux. Aussi, *docteur indefatigabilis*, je m'adresse à vous, afin que vous souffliez un mot à l'oreille de la tante Voss [1], aussitôt que le buste sera exposé à Berlin. Peut-être même pourriez-vous en faire autant auprès de tel ou tel journal allemand ou étranger.

Vous aurez sans doute remarqué, dans le numéro du 1er octobre de la *Konstitutionnelle Zeitung*, l'horrible indiscrétion d'un homme qui a publié tout ce que j'ai dit au repas du soir à l'hôtel d'Angleterre. Le baron Eberstein me l'avait présenté comme un avocat de Dresde, et j'avais dit au hasard ce qui m'avait passé par la tête. Cet homme a plus de mémoire que de discrétion.

Pour Mme Bœlte, c'est une autre affaire. Je suis resté muet comme un poisson, et cela n'a pas fait son compte : je veux dire son compte d'hôtel, qu'elle espérait régler en publiant tous les mots spirituels que nous aurions échangés ensemble.

Les professeurs de philosophie disent de moi tout le mal possible. Noack prétend que je n'ai fait que piller Fichte et Schelling. Rosenkranz me chapitre du haut de sa grandeur. Pour Carrière, je ne suis qu'un figurant dans le monde philosophique [2]. Cependant tous ces propos

---

1. C'est la dénomination populaire du *Journal de Voss*.

2. Ludwig Noack et Moritz Carrière étaient tous deux professeurs à l'université de Giessen. Carrière était surtout un esthéticien. Noack a

n'arrivent pas jusqu'à moi. Dites toujours ce que vous apprenez à

Votre vieil ami

A. S.

(*Der Briefwechsel zwischen Arthur Schopenhauer und Otto Lindner, herausgegeben von* Robert Gruber; Vienne et Leipzig, 1913).

beaucoup écrit sur la philosophie et la théologie; Schopenhauer l'appelle ailleurs un horrible fabricant de livres (*ein gräulicher Bücher-fabrikant*). Sur Rosenkranz, voir la Correspondance avec Brockhaus, p. 77.

A DAVID ASHER.

David Asher, professeur d'anglais à l'École de commerce de Leipzig, publia, en 1855, une Lettre ouverte à Schopenhauer, où il discutait avec lui, sur le ton d'un lecteur bienveillant, différents points de doctrine. Schopenhauer l'en remercia, tout en lui disant qu'il ne voulait engager aucune controverse, étant d'avis que sa philosophie devait faire toute seule son chemin dans le monde.

Leur correspondance continua cependant. Asher, placé au centre de la vie scientifique et littéraire, fut très utile à Schopenhauer, en le rendant attentif à tout ce qui paraissait sur lui, pour ou contre lui, et en le tenant au courant du mouvement philosophique.

Asher est mort à Leipzig en 1890. Il a publié lui-même les lettres qu'il a reçues de Schopenhauer (Arthur Schopenhauer, Neues von ihm und über ihn, Berlin, 1871), en y faisant des suppressions. Grisebach les a republiées d'après les manuscrits.

Francfort, le 16 juin 1855.

Très honoré monsieur, Recevez mon cordial remerciement pour votre « Lettre ouverte », dont je n'ai qu'à me louer, et qui est plutôt un éloge qu'une critique [1]. N'es-

1. *Offenes Sendschreiben an den hochgelehrten Herrn Dr Arthur Schopenhauer von Dr D. Asher, Leipzig, 1855.*

pérez pas cependant que j'entame une controverse avec vous : cela n'est pas dans mes habitudes. Je laisse mon système se justifier par lui-même et faire son chemin dans le monde comme il pourra, sans que je dédaigne pour cela l'aide que peuvent lui fournir des adhérents. En général, j'écris peu de lettres.

Permettez-moi de vous signaler une inadvertance : le passage que vous citez dans une remarque n'est pas d'un scolastique, mais de Cicéron [1].

Je verrai avec plaisir l'ouvrage plus détaillé que vous annoncez. Toute discussion faite dans un esprit de justice est pour moi la bienvenue.

Francfort, le 12 novembre 1856.

Cher monsieur, Vous voilà donc revenu d'Angleterre! Ce que c'est d'être jeune! Avant tout, je tiens à vous dire et à vous répéter que, dans le grand nombre de ceux qui ont déjà écrit sur ma philosophie, nul n'en a fait ressortir le mérite essentiel aussi nettement que vous l'avez fait dans votre article sur ma théorie de la musique [2]. Ce n'est pas là un compliment, mais une sèche vérité, qui m'est apparue clairement à une nouvelle lecture. Je crains seulement que cette revue ne soit pas très répandue.

Le livre de Cornill n'est nullement méchant; il dit, au contraire, beaucoup de bien de moi. Mais le brave garçon n'a rien appris et par conséquent ne comprend pas grand'chose. Il n'a pas le moindre kantisme en lui, parle comme un réaliste naïf et inconscient, et lorsqu'en me lisant, il rencontre, chose inévitable, une idée dont il ne sait que faire, il crie à la contradiction, et il appuie son dire de toute sorte de passages ramassés de droite et de gauche [3].

Accuser un auteur de contradiction, c'est le traiter

---

1. *Omnis natura vult esse conservatrix sui.*

2. *Schopenhauers Ansicht von der Musik,* dans les *Anregungen für Kunst, Leben und Wissenschaft* (Leipzig).

3. Sur Cornill, voir la *Correspondance avec Frauenstædt,* p. 194.

d'imbécile qui ne sait ce qu'il dit. Il ne faut parler de contradiction qu'à défaut de toute autre manière d'expliquer les choses. On m'a souvent loué, quant à moi, pour l'enchaînement rigoureux de ma doctrine. Quand Cornill aura pris de l'instruction, quand il aura mûri, les contradictions disparaîtront.

Avec mes meilleurs souhaits,

Votre dévoué serviteur

A. S.

Francfort, le 16 mars 1857.

Mon cordial remerciement, cher monsieur, pour votre poésie, où vous chantez si bien mes louanges. Elle m'a été remise hier par le même jeune homme qui m'avait porté aussi votre carte de félicitation pour mon anniversaire de naissance; il m'a lu également votre lettre. Que le docteur Sattler[1] n'ait pas voulu recevoir votre poésie dans sa feuille, parce qu'elle est « trop polémique », cela prouve qu'il est un philistin. Elle n'attaque directement personne, mais blâme seulement d'une manière générale l'injustice qui a été commise envers moi. Si tout le monde avait les mêmes scrupules, nous n'aurions ni Aristophane, ni Perse, ni Rabener, ni les Xénies de Gœthe. Sattler est un archi-philistin : *put him down as such.*

J'ai reçu pour mon anniversaire une autre poésie, très bonne, accompagnée d'un magnifique bouquet, d'une main inconnue; puis d'autres marques d'intérêt, venues de près ou de loin.

Je pose pour deux peintres dans une même séance, pour Lunteschütz, qui avait déjà fait mon portrait, et pour Gœbel, qui passe pour le meilleur peintre d'ici. Tout sera reproduit en lithographie. J'entre dans ma soixante-dixième année : on s'aperçoit que le temps presse. Mais nous n'en sommes pas là : je suis encore sain et fort.

1. Directeur du *Frankfurter Conversationsblatt.*

Je vois avec plaisir que vous avez fait paraître votre second article dans les *Anregungen*; je regrette seulement qu'il soit si court.

Le livre de Bæhr est bon, au delà de toute attente; il est excellent. On s'étonne qu'un si jeune homme ait pu faire cela. Il a parfaitement compris Kant et moi; il a tout approfondi, s'est tout assimilé. Je voudrais bien connaître le livre de Seydel; il ne se hâte pas de le publier : peut-être craint-il, en voyant celui de Bæhr, que le public ne juge autrement que la faculté[1].

Salutation cordiale.

A. S.

Francfort, le 15 juillet 1857.

Remerciement cordial, cher monsieur, pour toutes les nouvelles intéressantes que vous me donnez.

Le livre de Seydel est misérable au delà de tout ce qu'on pouvait attendre. Chercher des contradictions est la manière la plus commune de critiquer un livre et un système; elle est à la portée de toutes les têtes creuses. On va feuilletant au hasard, jusqu'à ce qu'on trouve des propositions qui, tirées de leur contexte, ne riment plus ensemble. Cette méthode prouve trop; elle ne prouve pas seulement que j'ai tort, mais que je suis un imbécile, qui ne sait pas ce qu'il dit, et qui à chaque pas pèche contre la première règle de la logique.

Cornill est aussi entré dans ce chemin battu, où l'on rencontre constamment toute sorte de gueux. Pour renverser un système philosophique, il faut le prendre dans sa totalité, le scruter et le pénétrer, et montrer que la pensée fondamentale en est fausse.

Seydel a bien compris sa tâche : il s'agissait uniquement de me rabaisser, n'importe comment, *per fas et nefas*. Il a

---

1. Sur les deux mémoires présentés au concours de l'université de Leipzig par Karl Bæhr et Rudolph Seydel, voir la Correspondance avec Becker, p. 125.

bien gagné sa médaille d'or et obtenu un diplôme par-dessus le marché. Quant à la faculté, elle s'est prostituée en couronnant cet immonde griffonnage et en renvoyant les mains vides Bæhr avec son excellent livre. Le public, je parle du public distingué, jugera autrement et verra quel emploi on fait des fonds destinés à encourager le talent. Quant à moi, toute l'histoire ne peut contribuer qu'à ma gloire.

Ce que vous dites de Gebirol m'a donné envie de voir le livre[1]; je voudrais me rendre compte de l'accord qu'il y a entre lui et moi. Mais j'attends encore d'autres renseignements. En principe, tout ce qui touche à la Judée et à l'Islam m'est antipathique.

Je ne veux pas écrire ma biographie, et je ne veux pas qu'on l'écrive. L'esquisse que j'ai donnée à Erdmann sur sa demande, et qui a été reproduite par Frauenstædt[2], et les notices semblables qui se trouvent dans le *Conversations-Lexikon* de Meyer et dans le *Real-Lexikon* de Pierer suffisent. Je ne tiens pas à ce que ma vie privée soit donnée en pâture à la curiosité froide ou malveillante du public.

En souhaitant de tout cœur que votre saison d'eaux vous réussisse, je reste

    Votre

A. S.

---

1. Il s'agit du *Fons vitae* de Salomon Ibn Gebirol, qui venait de paraître en traduction française dans les *Mélanges de philosophie juive et arabe* de S. Munk (Paris, 1857). Cette traduction était faite sur une version hébraïque de l'original arabe; c'était donc bien, comme Schopenhauer le dit dans une autre lettre, une double traduction. Asher présentait, dans les *Blätter für litterarische Unterhaltung*, le docteur arabe comme le plus ancien précurseur de Schopenhauer, à cause du rôle prépondérant qu'il attribuait à la volonté. Gwinner fait cette remarque, que si Schopenhauer avait connu Gebirol plus tôt, il serait peut-être revenu de sa prévention contre la littérature juive.

2. Pour la notice autobiographique écrite pour Erdmann, voir l'Introduction, p. 12.

Francfort, le 22 octobre 1857.

Très cher monsieur, Quelque envie que j'aie de vous être agréable, je ne peux pas me résoudre à lire et à approuver votre long manuscrit. Ce serait pour moi une corvée, et j'ai soixante-dix ans, ce qui est l'âge où l'on est même dispensé de toute corvée par la loi. Je ne puis pas suffire à toutes les choses imprimées que j'ai devant moi. Et y ajouter encore des manuscrits ! Le vôtre reste donc à votre disposition. Quant à la peine que vous avez de trouver un éditeur, consolez-vous avec moi. J'avais offert en vain les *Parerga* à trois éditeurs différents, avant que Frauenstædt m'eût procuré Hayn.

Sur la foi de votre article dans les *Blätter für litterarische Unterhaltung*, j'ai fait venir le Gebirol, et je l'ai lu ; c'est cruellement ennuyeux. On ne sait jamais bien où il veut en venir ; il ne sort jamais de ses conceptions abstraites. Il est vrai qu'on peut le considérer comme mon précurseur, puisqu'il enseigne que la volonté est tout, fait tout et produit tout. Mais sa sagesse ne va pas plus loin ; il répète mille fois la même chose, sans sortir des généralités. Il est par rapport à moi ce qu'un ver luisant qui brille dans une nuit profonde est par rapport au soleil. Il a pourtant reconnu que le monde objectif n'existe que dans la connaissance que nous en avons ; mais il reste dans le vague, et son argumentation est pauvre. Il faut tenir compte aussi du temps où il a vécu ; et puis nous ne le connaissons que par une double traduction.

Ma philosophie se répand ; le professeur Knoodt à Bonn et le docteur Kœrber à Breslau lui ont consacré cet été un cours spécial. J'ai reçu de nombreuses visites, deux Russes de Moscou et de Pétersbourg, deux Suédois, l'un d'Upsal, l'autre un comte de l'Empire, deux dames, d'autres encore. Je juge de ma popularité par les visites et par les lettres, plutôt que par des imprimés.

Comme vous savez parfaitement l'anglais, vous seriez qualifié pour traduire mes œuvres. Vous avez prouvé, par le commencement de votre dernier article, que vous les

possédez à fond. Je crois que vous auriez plus de succès
par là que par votre roman. Je pourrais vous citer comme
modèle les quelques pages que Oxenford a traduites dans
la *Westminster Review*; il a trouvé moyen de reproduire
non seulement le sens, mais le style, mes manières et
toute ma façon d'être; c'est étonnant; c'est comme un
miroir. Je reverrais avec plaisir votre traduction, car je
comprends l'anglais comme l'allemand; tout Anglais me
prend, dans le premier quart d'heure d'une conversation,
pour un compatriote.

Je regrette que les eaux de Carlsbad ne vous aient pas
réussi; je souhaite que vous puissiez vous rétablir bientôt,
et je reste

> *Sincerely yours*
>
> .A. S.

Francfort, le 25 février 1858.

Cher monsieur, Votre article sur Gebirol m'a fait grand
plaisir[1]; il est bon en général, mais j'aurais bien quelques
détails à reprendre. Cette juxtaposition de courtes phrases
n'est pas très concluante; on peut en tirer ce que l'on veut.
Il aurait fallu saisir la pensée de Gebirol, la scruter à fond
et la rendre claire, en montrant jusqu'à quel point elle
s'accorde avec moi.

Un monsieur Zingerle est « commis voyageur littéraire »
pour la nouvelle *Revue Germanique*. Un de ses emplois
est de trouver une exposition « lumineuse » de ma doctrine.
Lunteschütz, après m'avoir consulté, lui a donné votre
nom. Sur quoi, Zingerle a continué son voyage vers
l'intérieur de l'Allemagne, et, à son retour, il décidera.
Cette revue paie deux cents francs la feuille. L'article peut
être écrit en allemand, auquel cas la revue se chargerait
de le faire traduire. J'ai dit que vous pourriez peut-être le
rédiger en français; on n'aurait qu'à le limer et à le lécher

---

1. C'était un second article dans la même feuille, les *Blätter für
litterarische Unterhaltung.*

à Paris. Mais alors, cher docteur, souvenez-vous que toute peine mérite salaire. Donc à l'œuvre! A vrai dire, il faudrait faire deux articles : qu'est-ce en effet que vingt-cinq ou trente pages? Il faudrait surtout reprendre votre belle introduction sur la musique dans les *Anregungen* : on n'est pas plagiaire quand on se copie soi-même.

Avec tous mes souhaits pour le rétablissement de votre santé,

Most sincerely yours

A. S.

Francfort, le 11 janvier 1859.

Cher monsieur, Vous me rendriez un mauvais service si vous empêchiez Brendel[1] de publier la suite de l'article de Büchner. Qu'on écrive sur moi, que ce soit pour ou contre, c'est tout ce que je demande. Une attaque qui ne ne renverse pas l'homme le rend plus fort.

Que vous vouliez me dédier votre écrit sur *Faust*[2], cela ne peut que me faire plaisir. Quant à écrire des préfaces pour les livres des autres, je ne le fais jamais. Vous trouverez facilement un éditeur, si vous ne demandez pas d'honoraires. Quatre feuilles, c'est peu pour une brochure; les libraires y gagnent trop peu pour s'y intéresser. D'un autre côté, quatre feuilles pour un article, c'est trop; il faut alors en sacrifier la moitié, et souvent l'article ne fait qu'y gagner.

Je suis très occupé. Voilà quatre mois que je travaille à la troisième édition de mon ouvrage principal; il est épuisé, et Brockhaus m'a averti trop tard; nous ne sommes pas encore d'accord pour les conditions.

Most affectionately yours

A. S.

---

1. Directeur des *Anregungen*. — Büchner, dans un article, *Aus und über Schopenhauer*, avait soutenu qu'il appartenait aux physiologistes, plutôt qu'aux philosophes, de déterminer le rôle de la volonté dans l'activité humaine.

2. Sur le *Faust* d'Asher, voir la Correspondance avec Doss, p. 214, n. 1.

Francfort, le 9 mars 1859.

Cher monsieur, Recevez mon remerciement cordial, quoique tardif, pour l'envoi et la dédicace de votre livre. Que j'aie eu grand plaisir à le recevoir, puisqu'il est fait *in majorem mei gloriam*, cela s'entend. Quant à la valeur qu'il peut avoir pour le public, et quant à savoir s'il contribuera à faire mieux comprendre le *Faust*, c'est une autre question. Vous n'avez pas suivi méthodiquement une idée générale; vous vous êtes borné à mettre en parallèle certains passages de *Faust* et certains passages de mes écrits. L'analogie existe toujours, quoiqu'à des degrés différents; parfois elle est un peu forcée et un peu lointaine, et je crains que les lecteurs qui ne sont pas au courant de ma philosophie ne se trouvent souvent un peu embarrassés.

Le passage de Mme de Staël m'a particulièrement intéressé; je ne le connaissais pas, quoique j'aie lu le livre *De l'Allemagne*, en 1814. Ce passage est extraordinaire, et je vous remercie de m'y avoir rendu attentif; c'est une confirmation de l'idée fondamentale de ma doctrine. Y voir un plagiat de ma part serait ridicule, un système comme le mien ne pouvant être le fruit d'une inspiration étrangère.

L'adage, *habent sua fata libelli*, a trouvé une brillante application chez vous, puisque la seule annonce de votre livre vous a valu une commande de quatre cents exemplaires. Le nom de Schopenhauer sur le titre a pu faire croire que l'ouvrage était de moi.

J'ai lu avec grand plaisir un dialogue de quarante pages intitulé : *Schopenhauer e Leopardi*, dans la *Rivista contemporanea* de Turin[1]. Il n'y est parlé qu'accessoirement de Leopardi; le tout est une exposition très exacte et très élogieuse de ma philosophie. L'auteur ne s'est pas borné à des extraits de mes écrits, selon l'exemple des professeurs allemands et particulièrement d'Erdmann; il se les

—————————————

1. Voir la Correspondance avec Doss, p. 213.

est assimilés et sait toujours les citer à propos. Le docteur Wille, qui fait partie du groupe de mes adhérents à Zurich, est venu récemment me voir ; il connaît l'auteur, De Sanctis, un réfugié napolitain, professeur au lycée de Zurich.

J'apprends qu'un libraire a reçu de Batavia une commande de mes œuvres complètes : me voilà donc connu en Asie.

Je suis très occupé des additions et des corrections de mon second volume. Et puis, voilà huit lettres, un sonnet, quatre volumes, un frais bouquet venu de Berlin ; et voilà encore deux tragédies. Il faut répondre. Et les séances des peintres et des photographes. Vous m'excuserez donc de vous avoir répondu si tard.

Votre fidèlement dévoué

A. S.

Francfort, le 16 juin 1860.

Cher monsieur, Si je vous écris aujourd'hui, c'est pour vous donner un conseil d'ami. Gardez-vous de quitter votre place. Dans ce temps de compétition et de convoitise, quand on a une situation, il faut s'y tenir. Ne lâchez donc rien. Que l'administration préfère un Anglais, cela ne l'autorise pas à vous donner votre congé, comme à un domestique. Vous avez montré que vous écrivez l'anglais comme un pur Anglais. Quant à votre prononciation, je ne puis pas en juger, n'ayant jamais causé en anglais avec vous ; car, dans la règle, les Anglais me tiennent pour un de leurs compatriotes, du moins pendant le premier quart d'heure d'une conversation, et même plus longtemps.

On vous demande d'enseigner à sept heures du matin. Il y a un moyen très simple pour cela : avancez votre montre d'une heure. Vous y perdrez *the sweetest of your morning-studies*. Très bien, mais souvenez-vous : *Primum vivere, deinde philosophari.*

Trouveriez-vous ici une activité convenable? Je ne puis pas le savoir, dans la retraite où je vis. Un étranger rencontre partout des difficultés. C'est surtout le cas dans cette ville, où tout est réservé aux citoyens.

Oui, chacun reçoit ainsi de temps en temps un avertissement, qui est comme un argument *ad hominem* en faveur du pessimisme.

Tenez-moi au courant de ce qui vous arrive. Vous me direz, je l'espère, que vous avez suivi mon conseil, et que vous êtes remonté en selle ; ce qui fera plaisir à

Most truly yours[1]

A. S.

(Grisebach, *Schopenhauers Briefe*, Berlin, 1894).

---

1. Asher ne suivit pas le conseil de son maître, ou ne put s'entendre avec l'administration ; il perdit sa place.

QUELQUES APHORISMES

QUELQUES APHORISMES.

Les écrivains peuvent se partager en trois classes : les soleils, les planètes et les étoiles filantes. Les premiers créent la lumière; ce sont les originaux. Les seconds reflètent la lumière en l'affaiblissant; ce sont les imitateurs. Les troisièmes brillent et disparaissent; ce sont les écrivains à la mode.

Lire, c'est penser avec la tête d'un autre : de là vient que celui qui lit trop perd peu à peu l'habitude de penser avec sa propre tête, comme celui qui va toujours à cheval finit par ne plus savoir marcher. C'est le cas de beaucoup de savants.

On doit lire un ouvrage important deux fois de suite, d'abord parce qu'à une seconde lecture les choses se voient mieux dans leur ensemble, et qu'on ne comprend bien le commencement que si l'on connaît la fin; ensuite parce qu'on apporte à la seconde lecture une autre disposition de l'esprit, et que tout apparaît par conséquent dans une autre lumière.

La terre conserve dans son sein les couches successives des générations éteintes : ainsi s'alignent sur les rayons de nos bibliothèques les erreurs mortes des temps passés, comme les monuments d'une paléontologie littéraire.

On appelle par leurs prénoms les rois et les valets, les deux parties extrêmes de la société.

Il faut avoir peu d'expérience du monde pour mesurer la valeur d'un homme au nombre de ses amis, comme si l'amitié allait toujours au plus digne.

Le peuple est souverain; mais c'est un souverain mineur qui a besoin d'une tutelle.

Le monde politique oscille, comme un balancier, entre deux points extrêmes, le despotisme et l'anarchie; et comme le balancier n'arrête jamais son mouvement, le juste milieu ne peut être qu'un court passage.

Le droit est impuissant par lui-même; la force est la loi de nature. Tirer la force du côté du droit, en sorte que le droit règne par la force, c'est la tâche de la politique.

Ce serait le monde parfait, celui où la vertu n'aurait pas à souffrir, où le beau serait généralement admiré, et où la vérité ne serait pas un paradoxe.

Si c'est un dieu qui a créé le monde, je ne voudrais pas être ce dieu : la misère du monde me déchirerait le cœur.

Le polythéisme répond à la multiplicité des êtres créés, le monothéisme à l'unité de la création.

Si l'on se représente un démon créateur, on est tenté de lui crier : Pourquoi as-tu interrompu le sommeil sacré du néant?

Qu'on se fasse une idole de bois, de pierre, de métal, ou d'un assemblage d'idées abstraites, cela revient au même. On a toujours devant soi un être personnel, à qui l'on sacrifie, que l'on invoque, à qui l'on adresse des actions de grâces; c'est toujours de l'idolâtrie.

La foi est comme l'amour; elle ne se commande pas.

Conversation en l'an trente-trois. — Savez-vous la grande nouvelle? — Non, qu'est-il arrivé? — Le monde est sauvé. — Que me dites-vous? — Oui, le bon Dieu a

pris forme humaine, et s'est fait condamner à mort par les
Juifs; et maintenant le monde est sauvé. — Charmant!

Lorsqu'on entre dans une église protestante, ce qu'on
voit d'abord c'est la chaire; dans une église catholique
c'est l'autel; cela veut dire que le protestantisme s'adresse
à l'intelligence, le catholicisme à la foi.

Aucune matière n'est aussi durable que la pensée de
l'homme. Un poète a-t-il fixé son impression la plus fugi-
tive dans une forme appropriée, cette impression traverse
les siècles, et elle revit comme au premier jour, toutes les
fois qu'elle rencontre une âme capable de la saisir.

Ma philosophie peut se résumer en un mot : la volonté
qui a conscience d'elle-même [1].

1. Les *Aphorismes sur la Sagesse* de Schopenhauer constituent un
traité à part, qui a été traduit en français par Cantacuzène (Paris,
1880). Les aphorismes que nous donnons ici sont tirés en partie des
Parerga, et en partie des Œuvres posthumes, qui ont été publiées par
Grisebach.

APPENDICE

CONVERSATIONS AVEC KARL BÆHR, P. (35)

LA LUMIÈRE DE L'ASIE

Le poète anglais Edwin Arnold, qui a passé plusieurs années dans l'Inde, a retracé la légende de Bouddha dans un poème, qui a eu de nombreuses éditions en Angleterre et aux États-Unis [1]. Il a mis son récit dans la bouche d'un « dévot bouddhiste imaginaire », d'un disciple zélé, qui, comme tous les disciples, quand ils sont sincères, avoue humblement n'avoir pas toujours saisi la vraie pensée du maître.

Le poème s'ouvre par cette déclaration solennelle : « Sous la sphère la plus haute sont assis les quatre Régents qui gouvernent notre monde ; et au-dessous d'eux sont les zones où les esprits des saints défunts attendent trois fois dix mille ans pour revenir à la vie. »

C'est ainsi que le saint Bouddha, nommé sur la terre prince Siddartha, renaît à l'existence mortelle. Des prédictions et des prodiges accompagnent sa venue. Un ascète, vieilli dans les méditations et les jeûnes, dont les oreilles fermées aux bruits de la terre perçoivent les harmonies célestes, a entendu les Dévas chanter des hymnes en l'honneur du nouveau prophète. Il vient saluer l'enfant, et, se prosternant devant lui : « Tu es Bouddha, dit-il ; tu prêcheras la Loi, et tu sauveras tous les êtres qui voudront la recevoir ; je ne t'entendrai plus, mais du moins je t'ai

---

1. Edwin Arnold, *The Light of Asia*, Londres, 1879. — *La Lumière de l'Asie*, *poème traduit de l'anglais* par Léon Sorg, Paris, 1899.

vu avant de mourir. » Et, se tournant vers le roi, père de
Siddartha : « Sache, ô Roi, que ton enfant est la fleur de
notre arbre humain, laquelle ne s'épanouit qu'une fois
dans des myriades d'années, mais qui, ouverte, remplit le
monde du parfum de la Science et du miel de l'Amour. »

Cependant le roi veut détourner de sa maison l'honneur,
trop sublime à son avis, de donner au monde un Sauveur.
Il tient son fils sous le charme des splendeurs du trône.
Il lui fait construire trois palais, un pour le printemps, un
pour l'été, un pour l'hiver, afin que chaque saison lui
amène des plaisirs nouveaux. Il a remarqué que Siddartha
avait été frappé de la beauté de la princesse Yasodhara,
fille d'un roi voisin. « Voyez, dit-il en souriant à ses
ministres, nous avons trouvé un appât, cherchons maintenant à nous en servir pour attirer notre faucon hors des
nuages : envoyons des messagers pour demander la jeune
fille en mariage pour mon fils. »

Mais, d'après une coutume à laquelle les rois eux-mêmes
étaient soumis, Yasodhara était le prix d'un concours
entre ses prétendants ; elle devait appartenir à celui qui
se montrerait le plus habile à lancer une flèche au moyen
de l'arc, à fendre un arbre avec le glaive, à dompter un
cheval sauvage. Siddartha triomphe de ses rivaux dans
tous ces exercices. Il est vrai que les Dévas, les Génies du
ciel qui veillent sur lui, lui communiquent d'en haut une
force surnaturelle.

Le voilà prêt à devenir un roi de la terre, riche et puissant. Il a dix-huit ans ; il veut connaître le pays qui sera
son royaume, et il se met à voyager. Mais le roi son père
ordonne qu'on ne lui laisse rien voir qui puisse le porter
à des pensées sérieuses, qu'on éloigne de son chemin les
pauvres et les infirmes, que tout sur son passage respire
une joyeuse bienvenue. Aussi le prince trouve d'abord
que le monde est beau et que les hommes sont heureux.
Mais voici qu'un vieillard déguenillé, le dos courbé et les
yeux hagards, fend la foule et demande une aumône.
« Eh quoi? dit le prince, peut-on devenir ainsi? — Oui,
lui répond le conducteur de son char, on peut devenir

ainsi quand on vit longtemps. » Alors le prince dit :
« Tourne bride et ramène-moi au palais : j'ai vu ce que
je ne pensais pas voir. »

Mais ce qu'il a vu le poursuit comme une vision funèbre,
et il veut en voir davantage. Au reste, qui peut échapper à
sa destinée? Siddartha se remet en route. Mais cette fois
il veut voyager comme un simple mortel; il n'est accompagné que de son conducteur Tchanna; il prend le costume d'un marchand, Tchanna celui d'un clerc.

« Ils venaient de franchir les portes de la ville, quand,
au bord de la route, une voix éplorée gémit : « Secourez-
« moi, messeigneurs! Soulevez-moi sur mes pieds! Oh!
« secourez-moi, ou je mourrai avant d'atteindre ma maison! » C'était un malheureux, qui frissonnait, atteint
d'une peste mortelle, et se tordait dans la poussière, couvert de pustules d'un rouge ardent; une sueur froide
perlait sur son front, sa bouche se contractait dans les
affres de sa douleur, et ses yeux égarés étaient noyés dans
les tourments de l'agonie. Il se cramponnait, haletant,
aux herbes du chemin, pour se lever, et se soulevait à
demi, puis retombait, tremblant de tous ses membres,
avec un cri de douleur, en disant : «Ah! quelle douleur!
« bonnes gens, au secours! »

« Aussitôt Siddartha accourut, souleva le malheureux
de ses mains secourables, en le regardant doucement,
plaça la tête du malade sur son genou, puis, lorsque ses
tendres attouchements l'eurent réconforté, il lui demanda :
« Frère, quelle est ta souffrance? Quel mal t'a frappé?
« Pourquoi ne peux-tu pas te lever? Pourquoi, Tchanna,
« palpite-t-il et gémit-il, et essaye-t-il en vain de parler,
« et se lamente-t-il d'une façon si pitoyable? »

« Le conducteur du char répondit : « Grand prince, cet
« homme est frappé de quelque peste; ses éléments sont
« confondus; le sang, qui coulait dans ses veines comme
« une rivière salutaire, bondit et bout comme un torrent
« de feu; son cœur, qui palpitait régulièrement, bat
« maintenant tantôt vite, tantôt lentement, comme un

« tambour dont on joue sans mesure; ses muscles sont
« relâchés comme la corde d'un arc détendu ; la force a
« abandonné ses jarrets, ses reins et son cou, et toute la
« grâce et la gaîté humaines ont fui loin de lui; c'est un
« homme malade et atteint en ce moment d'un accès.
« Vois comme il se gratte sans cesse pour saisir son mal,
« comme il roule ses yeux injectés de sang, comme il
« grince des dents et respire péniblement, comme si son
« souffle était une fumée suffocante. Vois, il voudrait être
« mort; mais il ne mourra pas avant que le mal n'ait fait
« en lui son œuvre, en tuant les nerfs qui meurent avant
« la vie; puis, quand tous ses muscles auront craqué dans
« l'agonie, et que tous ses membres auront perdu la sen-
« sation de la douleur, le mal le quittera et ira s'abattre
« ailleurs. Oh! Seigneur, il n'est pas bon de le tenir ainsi,
« la maladie peut être contagieuse, et t'atteindre toi-
« même.

« — Mais, dit le Prince, en continuant à réconforter
l'homme, y en a-t-il d'autres, y en a-t-il beaucoup qui
« soient ainsi? Et, pourrait-il m'arriver d'être comme il est?

« — Maître, répondit le cocher, cela atteint tous les
« hommes sous maintes formes : les maux et les bles-
« sures, la maladie, les dartres, les paralysies, les lèpres,
« les fièvres chaudes, les dysenteries et les pustules
« frappent toute créature et pénètrent partout.

« — Les maladies arrivent-elles sans qu'on les voie? »
interrogea le Prince. Et Tchanna dit : « Elles viennent
« comme le serpent rusé qui pique sans être vu, comme
« le tigre cruel embusqué dans le buisson Karounda,
« auprès du sentier de la jungle, attendant le moment
« favorable pour bondir, ou comme l'éclair qui frappe les
« uns et épargne les autres, au hasard.

« — Alors tous les hommes vivent dans la crainte?

« — C'est ainsi qu'ils vivent, ô Prince!

« — Et personne ne peut dire : Je m'endors heureux et
« tranquille cette nuit, et me réveillerai de même?

« — Personne ne peut le dire.

« — Et la fin de ces nombreuses souffrances, qui arrivent

« invincibles, et quand elles veulent, est ceci : un corps
« brisé, et une âme affligée, puis la vieillesse?

« — Oui, si l'on vit assez longtemps.

« — Mais si l'on ne peut supporter son agonie, ou si
« l'on ne veut pas la supporter et si l'on désire y mettre
« un terme, ou si on la supporte et si on est, comme cet
« homme, trop faible et ne pouvant que gémir, si l'on vit
« encore et devient vieux, plus vieux encore, alors com-
« ment cela finit-il?

« — On meurt, Prince.

« — On meurt?

« — Oui, à la fin vient la mort, quels que soient le lieu
« et l'heure. Quelques hommes deviennent vieux, la plu-
« part souffrent et tombent malades, mais tous doivent
« mourir. Regarde, voici la mort qui passe! »

« Alors Siddartha leva les yeux, et vit défiler lentement,
dans la direction de la rivière, une procession de gens en
pleurs; en tête marchait un homme qui agitait un vase de
terre rempli de charbons ardents; derrière suivaient les
parents, la tête rasée, couverts de signes de deuil, les
vêtements défaits et criant à haute voix : « O Rama, Rama,
« écoute! implorez Rama, mes frères! » Puis venait le
cercueil, fait de quatre perches et de bambous tressés,
sur lequel était étendu le mort, les pieds en avant, raide,
décharné, la bouche renfoncée, sans regard, les flancs
creux, grimaçant, couvert de poussière rouge et jaune;
aux carrefours, les porteurs le faisaient passer la tête la
première, et criaient : « Rama! Rama! » Et ils portèrent
le cadavre au bord du fleuve, où était dressé un bûcher,
sur lequel ils le placèrent, et le recouvrirent de bois; —
celui qui repose sur un tel lit dort un profond sommeil;
le froid ne le réveillera pas, quoi qu'il soit exposé nu à
tous les vents. — Ensuite ils allumèrent aux quatre coins
la flamme, qui s'étendit lentement, lécha le bûcher, jaillit
soudain, et, atteignant le corps, le dévora, en faisant siffler
ses rapides langues de feu; puis la peau desséchée se
fendit, et les jointures se brisèrent; enfin la grasse fumée
s'éclaircit, et les cendres s'affaissèrent, écarlates et grises,

semées çà et là d'un os blanc : — c'était le résidu de
l'homme.

« Alors le Prince dit : « Est-ce là la fin qui attend tous
« ceux qui vivent?

« — C'est la fin qui leur est réservée à tous, répondit
Tchanna; celui qui était sur le bûcher, — et dont le
« reste est si peu de chose que les corbeaux affamés
« délaissent, en croassant, cette vaine pâture, — cet
« homme mangeait, buvait, riait, aimait, vivait et aimait
« la vie. Puis qu'est-il arrivé? Qui le sait? Une rafale de
« la jungle, un faux pas sur le sentier, une souillure dans
« l'étang, une morsure de serpent, un pouce d'acier
« mortel, un froid, une arête, ou la chute d'une tuile, et
« la vie a été détruite, et l'homme est mort. Il n'y a plus
« ni appétits, ni plaisirs, ni douleurs; un baiser sur ses
« lèvres ou la brûlure de la flamme ne lui font plus
« aucune impression; il ne sent pas sa chair griller, ni
« l'odeur du santal et des aromates que l'on brûle; sa
« bouche n'a plus de goût, ses oreilles plus d'ouïe; ses
« yeux ne voient plus; ceux qu'il aimait gémissent désolés,
« car il faut détruire ainsi ce corps, où brillait la vie, cette
« lampe intérieure, si on ne veut donner aux vers un
« horrible festin. Voici la commune destinée de la chair;
« puissants et misérables, bons et mauvais, doivent
« mourir, puis, à ce que l'on enseigne recommencer une
« nouvelle existence, — qui sait où et comment? — et être
« ainsi voués de nouveau aux angoisses du départ et aux
« flammes du bûcher; — tel est le cycle de l'homme. »

« Alors Siddartha leva au ciel ses yeux où brillaient des
larmes divines, puis les baissa vers la terre, embrasés
d'une pitié céleste. Il regardait tantôt le ciel, tantôt la
terre, comme si son esprit cherchait, dans son essor solitaire, quelque vision lointaine les reliant l'un à l'autre,
vision perdue et disparue, mais que l'on pouvait retrouver, voir et connaître.

« Alors, dans une fière attitude, exalté par la passion
brûlante d'un amour ineffable et l'ardeur d'une espérance
infinie et insatiable, il s'écria : « O monde souffrant!

« O frères connus et inconnus, qui vous débattez dans les
« filets de la douleur et de la mort, où la vie vous retient !
« Je vois, je sens l'immensité de l'agonie de la terre, la
« vanité de ses joies, l'ironie de ses bonheurs, l'angoisse
« de ses peines ; ses plaisirs aboutissent à la douleur, la
« jeunesse à la vieillesse, l'amour à la perte de l'objet
« aimé, la vie à la mort haïssable, et la mort à des exis-
« tences inconnues, qui ne font qu'assujettir de nouveau
« les hommes à leur roue, pour les faire tourner dans le
« cercle des fausses délices et des souffrances réelles.
« Moi aussi, je me suis laissé prendre à ce leurre, et la
« vie me semblait aimable et pareille à un cours d'eau
« ensoleillé qui coule éternellement dans une paix inalté-
« rable, tandis que le fleuve insensé ne court si rapide-
« ment à travers les prés fleuris que pour verser plus
« rapidement ses ondes cristallines dans les flots salés
« de la mer impure. Le voile qui m'aveuglait est déchiré.
« Je suis comme tous ces hommes qui implorent leurs
« dieux sans être écoutés. Et cependant, il doit y avoir
« une aide pour eux et moi et tous ceux qui ont besoin
« de secours ! Peut-être les dieux ont-ils besoin eux-
« mêmes de secours, et sont-ils si faibles qu'ils ne peu-
« vent sauver les malheureux qui les appellent ! Comment
« peut-il se faire que Brahma ait créé le monde et l'aban-
« donne au malheur ? car si étant tout-puissant il le laisse
« en cet état, il n'est pas bon, et s'il n'est pas tout-puis-
« sant, il n'est pas Dieu ? — Tchanna ! retournons à la
« maison ! C'en est assez ! J'en ai assez vu ! »

Dès lors, la pensée de la détresse humaine ne le quitte
plus ; et, dans une nuit solennelle, sa détermination est
prise. « Voici, le temps est venu, lui crie une voix d'en
haut. Choisis de régner comme un roi des rois, ou d'errer
sans demeure et sans couronne, pour sauver le monde. »
Et il se dit à lui-même : « A quoi sert-il à l'homme de
prier, de chanter des formules magiques et d'immoler
des victimes ? Il se peut que certains dieux soient bons,
d'autres mauvais, que les uns soient compatissants, les

autres cruels; ils sont trop faibles pour arrêter la marche du Destin, et ils sont, comme tout ce qui vit, attachés à la roue du changement. Ah! si un homme, puissant et fortuné, comblé des biens qui se mêlent aux maux d'ici-bas, et ne souffrant que des souffrances d'autrui, pouvait arracher au ciel le secret de la vérité et la clé de la déli-vrance... Oui, je serai cet homme. O étoiles conseillères, je viens! O terre affligée, je renonce pour toi à ma jeu-nesse, à mon trône, à mes jours dorés, et à tes bras, ma chère reine, qu'il m'est plus pénible d'abandonner que tout le reste! »

Alors il toucha de son front les pieds de la reine endor-mie, et s'agenouilla devant le lit comme devant un autel. Puis il s'avança dans l'obscurité et cria : « Tchanna, éveille-toi et fais sortir mon cheval blanc Kantaka! »

Il sauta en selle, et quand l'étoile du matin parut à l'horizon, il atteignit la rivière qui formait la frontière du royaume.

Ayant mis pied à terre, il embrassa le blanc Kantaka sur le front, puis il dit à Tchanna : « Ce que tu as fait pour moi te portera bonheur. Maintenant, ramène mon cheval, prends mes vêtements désormais inutiles, et mon épée dont je n'ai plus besoin; donne-les à mon père, et dis-lui de m'oublier, jusqu'au jour où je reviendrai dix fois roi par la puissance de la parole. »

Siddartha est devenu Bouddha. Il a pris la robe jaune des religieux qui vivent d'aumônes. Il s'arrête d'abord dans un lieu solitaire, et médite un jour entier, depuis l'aurore jusqu'au crépuscule du soir, aussi immobile que le rocher sur lequel il est assis. Sa tête est penchée en avant, ses deux bras sont posés sur ses genoux. Il res-semble si peu à une forme vivante, que des ramiers vien-nent picorer les grains de riz dans l'écuelle placée à côté de lui, et qu'une caille dépose sa couvée entre les pieds du prophète.

Le lendemain, il commence son apostolat. Il rencontre, au creux d'une montagne, une troupe d'ascètes. Les uns marchent sur des sandales garnies de clous; d'autres frappent leurs membres avec des cailloux ou des pointes de fer; d'autres tiennent leurs bras en l'air jusqu'à ce qu'ils tombent d'inanition; tous considèrent leur corps comme un ennemi, et la chair comme une bête qu'il faut dompter par la souffrance. Bouddha leur dit : « Pourquoi ajoutez-vous des maux inconnus à ceux que la vie amène? Pourquoi martyrisez-vous votre corps? N'est-ce pas par les yeux du corps que vous voyez la lumière du jour? Vous êtes moins sages que les fleurs des champs, qui jouissent de leur parfum et tournent leur face reconnaissante vers le soleil. Y en a-t-il une seule qui haïsse son existence et qui soit sa propre ennemie? Ô palmiers superbes, par quel secret ignoré de l'homme élevez-vous vos cimes vers les nues, heureux d'aspirer le vent frais qui souffle de l'Himalaya ou des océans bleus? »

Un autre jour, il assiste aux apprêts d'un sacrifice. Cent moutons et cent chèvres doivent être immolés par l'ordre d'un roi. Le prêtre en manteau blanc se tient à côté de l'autel, prêt à frapper la première victime, et il récite la formule consacrée : « Réjouissez-vous, ô dieux, de voir le sang jaillir, prenez plaisir au fumet de la viande grasse rôtissant au milieu des flammes, et faites que les péchés du roi soient placés sur cette chèvre et brûlés avec elle. »

« Arrêtez! » s'écrie Bouddha. Et, prenant le ton et l'attitude du prophète, il explique à la foule assemblée devant lui la loi sublime de la bienveillance, qui relie entre elles toutes les créatures, qui rend la vie douce au faible, noble et généreuse au fort. « Ne tuez pas, dit-il. Vous pouvez bien donner la mort, mais vous ne pouvez pas donner la vie. Savez-vous si dans le corps de la victime que vous immolez n'habite pas une âme parente de la vôtre? N'adressez pas au ciel des vœux téméraires et inutiles. Si les dieux sont bons, le sang répandu doit leur déplaire. S'ils sont méchants, aucun cri d'ici-bas ne les rendra favorables. Le salut de l'homme est dans l'homme. Vous ne pouvez placer sur la tête d'une victime innocente le moindre des méfaits dont chacun est responsable pour lui-même. Soyez justes, soyez compatissants, soyez des dieux sur la terre. »

Le roi fait cesser le sacrifice. Il veut même fixer Bouddha à sa cour. « Tu enseigneras la sagesse à ce peuple, lui dit-il, et tu vivras dans mon palais comme un prince. — J'ai vécu ainsi, lui répond Bouddha, mais j'ai encore d'autres frères à secourir. » Et il se remet en route.

Malheureusement, dit le narrateur, je ne puis donner qu'une faible idée des hautes leçons qui sortirent de sa bouche. Je ne suis qu'un scribe tard venu, dont le seul mérite est d'aimer le maître, et je manque du secours des livres saints dont le temps a effacé l'écriture.

Après sept années de voyage, Bouddha rentre au royaume de son père. A la première nouvelle de son arrivée, la princesse Yasodhara, qui n'a jamais cessé de croire en lui, accourt au-devant de lui et se prosterne à ses pieds. Le roi lui-même, d'abord humilié de voir l'héritier de son trône couvert de haillons, est enfin subjugué par la grâce qui émane du divin mendiant. Bouddha achève son œuvre par la conversion de ses proches. Il les introduit, eux aussi, dans le sentier qui mène au *nirvâna*, c'est-à-dire à l'abdication du moi, à l'apaisement des passions, au repos dans une vie nouvelle, embrassant tous les êtres dans un lien de fraternité et d'amour.

TABLE DES MATIÈRES

103-20 — Coulommiers. Imp. Paul BRODARD. — 8-20.